梦山书系

教师艺术应对学生问题 36 记

林志超◎著

海峡出版发行集团 | 福建教育出版社

图书在版编目（CIP）数据

教师艺术应对学生问题 36 记/林志超著. —福州：福建教育出版社，2013.4（2025.10 重印）
ISBN 978-7-5334-6037-2

Ⅰ．①教… Ⅱ．①林… Ⅲ．①学生工作 Ⅳ．①G455

中国版本图书馆 CIP 数据核字（2013）第 037981 号

Jiaoshi Yishu Yingdui Xuesheng Wenti 36 Ji

教师艺术应对学生问题 36 记

林志超　著

出版发行	福建教育出版社
	（福州市梦山路27号　邮编：350025　网址：www.fep.com.cn
	编辑部电话：010-62027445
	发行部电话：010-62024258　0591-87115073）
出 版 人	江金辉
印　　刷	福建省金盾彩色印刷有限公司
	（福州市仓山区红江路8号浦上工业园D区24号楼　邮编：350008）
开　　本	710 毫米×1000 毫米　1/16
印　　张	14.75
字　　数	200 千字
插　　页	1
版　　次	2013 年 4 月第 1 版　2025 年 10 月第 13 次印刷
书　　号	ISBN 978-7-5334-6037-2
定　　价	29.80 元

如发现本书印装质量问题，请向本社出版科（电话：0591-83726019）调换。

序言：教育是走进心灵的艺术

与本书作者结识，源于一篇文章。在本人卷首的一期杂志中，作者的《打分的魅力》吸引了我。学生之间发生矛盾，内心纠结却不能宣泄，还把家长牵涉进来，"剪不断，理还乱"的纠纷，错综复杂，让教育者难以调解。作者艺术性地通过"打分"，利用每个人都想在同学心目中得到一个高分的愿望，迅速地揉和学生之间的关系，把看似很尖锐的矛盾化解于无形，促进了和谐。读罢文章，我不禁惊叹作者的巧思妙想，那种拨动心弦、启迪心智、润泽生命的教育艺术，给人品饮甘露之感；那些涂抹在字里行间的智慧，让人有尘封心境开启之感。如此好文，还能形成一个系列，理应推荐给大家。我很欣慰，不得不赞叹年轻的力量，有这么多青年英才投入到教育研究的领域，实属一件幸事。

拿到志超的《教师艺术应对学生问题36记》书稿后，我脑海中不禁浮现出曾经的思考：教师因何而精彩？可以说答案有很多：因爱心而精彩，因奉献而精彩，因勤奋而精彩，因人格而精彩，因激情而精彩，因诗意而精彩，因思考而精彩，因科研而精彩，因生命而精彩，因创新而精彩，因后进生而精彩，因艺术而精彩，等等。但是，我觉得核心之一是，因走进学生的心灵而精彩。

人的心灵是一个极其宽广、复杂、多变的世界。面对性格各异、不断变化发展的孩子，我们应该怎样走进他们的心灵世界，找到属于他们的那片沃土，播下适宜他们成长的那粒种子呢？在这本书中，志超用这么一句话予以诠释："心灵的教育，在于细处摄神，一叶知秋，唯有处处见心、时时用心、以心换心的教育，才能让细节成为经典。心要跟爱一起走，唯其如此，教育，才是真教育。"

是的，志超如此阐述，也如此践行。面对学生的问题，面对一群急需帮助的孩子，志超以一种圆融的思维、发展的眼光、超然的心态，走进学生心灵，柔软地触摸，让学生在一笑中感悟，快乐地改变：插班生受到冷落和排挤，志超通过"落实友谊"，让插班生很快融入人群，收获了友谊，收获了温情、爱心和快乐；学生犯了错误，志超通过"名人公告"，公布错误之事，却用"名人"代替学生姓名，用心呵护，换来学生"报之以李"的表现；学生天生缺陷，志超通过"持续认可"，不断撞击、发现、挖掘"非亮点"，让他们获取同学们的掌声，唤起他们内心的感动，点燃他们内心的火焰……

走进学生的心灵，是在遵循教育学、心理学科学原理的基础上，在准确把握青少年生理、心理特点的前提下，充分发挥教师的聪明才智，抓准教育契机，运用教育技巧，调动艺术手段，坚持巧妙疏导，生动活泼地开展教育工作，恰如其分、独具匠心地处理各种棘手的问题。现采撷书中一例，重现片段精彩：有一段时间，班上男女生之间有一种神秘和诡异的气氛在萦绕着，表面上相互"仇视"，相互作弄，暗地里却互传字条，互表"情意"。志超通过"人生如花季"的比喻，告诉学生人生只有经历"成长、发芽、开花、结果"才是最美好的，如果现在就想着去碰它，只能让这些美好的东西，顷刻间变成残枝败叶，就得不到最后那芬芳可口的果实了。听罢，学生陷入深深的思考，之后，异性学生之间的交往更融洽了，不再调侃，不再瞎闹，多了一分理性，也多了一分大方。

的确，艺术应对的方式和技巧，具体分析，就是要善于变单向灌输为双向交流，变围追堵截为巧妙疏导，变一曝十寒为细水长流，变简单粗暴为精雕细刻，变急风暴雨为和风细雨，变操之过急为循序渐进，变耳提面命为拨动心弦，变生硬呆板为循循善诱，以言外之意、弦外之音代替逆耳的训斥。

读《教师艺术应对学生问题36记》一书，我们可以领略志超行云流水、妙语连珠的文笔。全书写法别具一格，通过直面36个学生问题，直击教育现象；36篇艺术应对案例，润泽学生心灵；36则精彩幽默评析，令人感悟至深。现象点击，既是对教育现象的一种思索，更是对社会现象的剖析，理性透视现实，寄意教育期盼。案例描述，是艺术应对学生问题的巧妙方法，它承载教育智慧，是走进学生心灵的经典，启迪学子感悟。其熠熠生辉的教育智慧，也契合了本人曾经提出的教育要善于敏锐抓住最佳时机的十二个点：兴趣点——"因材施能、学会重复、赋予职责"；兴奋点——"点亮明灯、激励潜能、人人有责"；情感点——"如期关注、落实友谊、名人公告"；求异点——"另辟蹊径、剑走偏锋、感同身受"；变化点——"看见未来、期待不同、走出自己"；荣辱点——"事件回放、另类日记、坐下说话"；利益点——"顺势而为、激起关注、微笑记录"；低潮点——"持续认可、重上战场、看见进步"；矛盾点——"果断干预、同伴打分、率先垂范"；敏感点——"点破纠结、批注情书、看见最美"；闪光点——"一芳群赏、放大亮点、你最珍贵"；共鸣点——"善意理解、沟通双赢、幽上一默"。评析部分乃本书另一精华，揭示成功真谛，阐述理论支撑，富有人生寓意，饱含生活哲理，盈溢教育情感，唤起教育共鸣。

走进学生心灵，才能真正艺术应对学生问题。志超用艺术的方式走进学生心灵，让学生体验高尚与尊严、善良与真诚、仁慈与怜悯、奉献与付出、感恩与宽容；让学生品味亲情、真情的幸福，认识同情、温情的意义，懂得爱情、友情的真谛，获得自尊、自信的情感。在他们的心中播下爱的种子，激起他们对美的向往，激荡他们生活的热情，激活他们生命的热能。让他们的心灵里飞翔争鸣的百鸟，铺满斗艳的鲜花，流动碧透的清泉，充满七彩的阳光……

教育是走进心灵的艺术。那么，教师就是学生心灵的培育师。

教师的首要任务是塑造学生美好的心灵，让学生"成人"。要完成这项光荣而艰巨的任务，必须走进学生的心灵。苏霍姆林斯基曾要求每一位教师都要具有深入儿童精神世界的本领，他说："我十分坚信，确实有那么一些精神品质，缺少了它们就不可能成为真正的教育者，而其中首要的便是深入儿童精神世界的本领。只有那些始终不忘自己也曾是一个孩子的人，才能成为真正的教师。"他还告诫说："别让任何一次心灵振荡不知不觉地从您身边掠过。要成为学生雪中送炭的帮助者，心灵创伤的医治者。"

做学生心灵的培育师，让教师的劳动成就学生，使自卑的心灵自信起来，使懦弱的体魄强壮起来，使狭隘的心胸开阔起来，使迷茫的眼睛明亮起来，让愚昧走向智慧，让弱小走向强大……培育学生求真、向善、趋美的心灵，引导学生的生命健康茁壮地成长。以自己的青春谱写辉煌的教育诗篇，以自己的忠诚和执著维系绵长的文化繁衍，以自己的希冀和神往描绘斑斓的成长手记，以自己的理念和憧憬铸造坚强的未来人杰……

走进学生的心灵，做学生心灵的培育师，既是教师的责任，更是教师的幸福。

是为序。

张万祥
2013年1月于津门

（作者为享受国务院特殊津贴专家，全国著名德育特级教师，中国教育学会理事。）

目　录

艺术应对学生的常见问题　001

1. 事件回放——应对学生打架事件　001
2. 另类日记——应对学生小错不断　007
3. 果断干预——应对学生跟风起哄　013
4. 期待不同——应对学生爱出风头　020
5. 看见未来——应对学生危险行为　026
6. 如期关注——应对学生不明事理　031

艺术应对学生的学习困难　038

7. 持续认可——应对学生天生缺陷　038
8. 因材施能——应对学生能力差异　045
9. 学会重复——应对学生注意分散　051
10. 赋予职责——应对学生作业拖拉　058
11. 点亮明灯——应对学生迷途难进　064
12. 激励潜能——应对学生懒散心态　071

艺术应对学生的交往障碍 　　077

13. 落实友谊——应对校园的冷暴力　077
14. 同伴打分——应对学生关系不和　083
15. 善意理解——应对学生攻击行为　089
16. 另辟蹊径——应对学生有口难言　095
17. 走出自己——应对学生不善交际　102
18. 坐下说话——应对学生激动情绪　108

艺术应对学生的成长困惑 　　114

19. 顺势而为——应对学生爱好痴迷　114
20. 剑走偏锋——应对学生奇装怪发　120
21. 一芳群赏——应对学生自惭形秽　127
22. 点破纠结——应对学生情书初现　133
23. 批注情诗——应对学生情窦初开　139
24. 看见最美——应对学生青春情迷　145

艺术应对学生的非常心理 　　151

25. 放大亮点——应对学生冷漠心理　151
26. 沟通双赢——应对学生逆反心理　158
27. 你最珍贵——应对学生自卑心理　164
28. 重上战场——应对学生畏惧心理　170
29. 激起关注——应对学生常衡心理　176
30. 幽上一默——应对学生抗拒心理　182

艺术应对学生的不良习惯 187

31. 名人公告——应对学生一时糊涂　187
32. 率先垂范——应对学生随意模仿　193
33. 微笑记录——应对学生爱哭行为　198
34. 感同身受——应对学生经常迟到　204
35. 人人有责——应对学生忘记值日　209
36. 看见进步——应对学生不良习惯　215

后记：恒美的怀念 221

艺术应对学生的常见问题

1. 事件回放
——应对学生打架事件

学生的吵架或打架事件是学生常见问题中最严重的问题，也是最难应对的事件之一，若不妥善处理，学生的吵架或打架行为就会像传染病一样，四处扩散。一次不小心的碰撞、一句不礼貌的言语、一个不屑的动作等，都会引起学生争吵甚至打架的发生。吵架或打架不仅伤害同学之间的感情，也会让学生体会不到安全感，人人自危的学生更是无心学习，纪律涣散。

可能有老师会认为，学生之间吵架或打架是很正常的事情，也是成长过程中必须掌握的一项"技能"，特别是现今男孩成长出现危机的时代，不打打闹闹男生的成长也不完整，不了解人际之间的微妙现实，将来又如何踏上社会、适应现实？人的处世之道，本来就是在不断摩擦、不断磨合中习得。这种说法似乎有道理，打闹自然无可避免，可作为老师，我们的教育任务是引领成长，育德为先。学校是学生迈进社会的第一站，班集体是教师完成德育工作的重要场所，为学生创造一个和谐的环境、温馨的氛围是老师的重要任务。和睦相处、相互尊重是学生合理的心理需要，学生只有在与同伴的融洽交往中，才能培养积极的态度和乐观的情绪。由此可见，面对此类问题时，老师应该引导而非压制，通过以德服人的方法，让学生学会如何面对同伴之间的摩擦，从而远离纯粹的"吵吵闹闹"、"争夺地盘"式的"伙伴"关系模式。

班上的小吕和小章吵起来了，吵得很凶，由于被同学及时拉开，没有打起来。这两个是"冤家"，以前就经常为一点鸡毛蒜皮的事吵架，最近已经平静很久了。

来到我这儿，两人还是各执一词，都说是对方的错，自己是被迫无奈才吵架，总不能老被对方欺负。结果是，谁也没讲清楚，谁也不服谁。看他们讲不清楚，我问了一下当时在场同学的姓名，就让他们先回到教室。

来到教室，我请了两个当时在场的学生，模仿他们吵架的整个过程。学生的模仿让我清楚地了解了这个事件的过程。小章打球时不小心球砸到了小吕的头，小吕便对他不依不饶。这两个模仿的学生很有表演天赋，把吵架双方当时的表情、动作、语言模仿得惟妙惟肖，龇牙咧嘴、目露凶光、怪模怪样的表演，引起了同学们的阵阵哄笑。

我时刻注意着吵架双方小吕和小章的表情，从怒气冲冲到患得患失，从小声狡辩到默不作声，再从一脸茫然到偷笑不已。

"好，掌声送给两位表演的同学，为我们带来了精彩回放！"我故意渲染着，"同时，也把掌声送给为我们提供表演素材的小吕和小章两位同学。"同学们的掌声和哄笑声，让这两位同学的头垂得更低了。

"以后如果再有这种事情发生，我们同样处理好吗？""好！"同学们异口同声。

事后，我找了小吕、小章两位同学。小章表示，"看到自己吵架的样子这么丑，感到非常难过，以后肯定会注意。"小吕表示，"老师，当时我还以为很威风呢，原来竟是这副怪模样，看到同学的模仿，真想在地上挖个洞钻进去。"

是呀，谁想把自己最坏的一面展现在同学面前呢？"事件回放"好像一面镜子，照亮了学生心中的阴影，帮助学生学会了自我控制。

当吵架事件已经发生，当一个需要教育的学生，一帮需要帮助的孩子，一件急需引导的事就在眼前时，老师要如何面对并艺术地处理，轻、重、缓、急如何把握？怎样处理才能让学生真正意识到自己的错误，不再重犯，又能教育其他学生？

轻——要淡然面对

从学生个人情感经验、成长的角度去分析，要轻看。深究学生吵架或打架的原因，不难发现，基本上是双方嘴上不肯认输，口角后冲动升级引起的。案例中的"都是对方的错，自己是被迫无奈才吵架，总不能老被对方欺负"也说明了这么一个问题，就是谁都不愿在同学前面"服软"。从成人的角度来看，行为上的认输，经常会被认为没有骨气，强硬才是勇气的代名词。许多父母得知自己的孩子被"欺负"，总是非常气愤，气愤的不是被欺负，而是自己的孩子没骨气，太"懦弱"。所以，学生吵架，从情感角度来分析，是情有可原的，也是难免的，成人如此，何况孩子。

当然，学生之间吵架或打架，其影响因素是多重的。受环境的影响是其一，大家都这样，我不得已为之，是认识不足的模仿，这急需老师进行正确的引导，而且要及时制止，提高学生的认识；其二是学生有性格缺陷，这是另外一个不可忽视的原因，有不善言语的冲动，有不知如何应对的粗暴。可不管哪种因素，学生在吵架或打架之后，大多会后悔自己的冲动行为。再说，学生吵架之时的脸红耳赤，词不达意，发火之后的气喘吁吁，口干舌燥，从中医角度讲，这就是一次伤肝的过程，一次身体受到"自残"的过程。试想，谁的心情能好呢？此时若再遭到老师的批评、指责，甚至惩戒，学生的反抗可能就成了"离弦之箭"。

因此，淡然面对学生的吵架和打架，既能缓解学生的紧张情绪，又能为老师智慧处理预留空间。"看他们讲不清楚,我问了一下当时在场同学的姓名,就让他们先回到教室",这是案例中老师的做法。学生很奇怪,当事者更奇怪,发生如此吵架事件,老师只是问了一下在场同学的名字而已。当然这不是不予理会,而是在处理过程中,让学生明白,遇事时应该做到冷静面对,做到"泰山压顶而面不改色"。作为老师,我们的言行会直接影响学生的行为,所以,我们必须起到良好的示范作用。像春秋时期齐国著名政治家、军事家管仲所说的那样:"善气迎人,亲如弟兄;恶气迎人,害于戈兵。"对于老师来讲,这样做,是一种超然的心态,更是一种教学生如何与人为善的教育智慧,也为"事件回放"解决问题,深度挖掘学生的感悟做好了铺垫。

重——要深挖感悟

挖掘学生内心的感悟非常重要,也是学生能否获得进步的关键,必须突出教育重点。学生吵架或打架,即使错误理由非常充分,在老师指出之后,承认错误的学生却很少。有的学生心里承认,口上却不服气,有时还会抛出一两句生硬的话,譬如"对方先动手的,我妈说了,不能随意给人家打的",以示自己的委屈,搬出家长的话来为自己的行为做辩解。由此看出,学生在吵架或打架的时候,都会认为自己才是对的,不能容忍对方的"欺负"才动手。事后,也都会认为是别人的错,甚至还怨恨他人的不礼貌、不礼让。

注意,打架有时会被学生视为不能示弱的"耍威风"行为,此时,老师批评越凶,越容易凸显学生的"委屈",甚至容易引起部分围观学生为"受委屈"学生打抱不平,也更容易激起学生的"果敢"行为。为此,学生之间到了打架的地步,纠缠谁对的多、谁错的多显然就不重要了,重要的是如何让学生感悟到打架是"丑陋"的行为。

案例中老师一个非常有创意的应对方法,请两个当时在场的学生模仿他们吵架的整个过程，而这两个学生逼真的模仿"引起了同学们的阵阵哄笑"。就这样，整个吵架事件的"回放"，让本来"看不见自己"的当事者，"看到"了自己的另一面，这种幽默的方式不仅让所有学生在哄笑中彻底看清了"打架"双方"凶神恶煞"的一面，也让吵架双方深刻地感知打架竟然是如此丑陋，深刻地挖掘了学生内心的感悟。

缓——留反思空间

教育，要慢一点，教育学生更是如此，要缓一步，给学生预留自我反思的空间。这次艺术应对打架的过程，是教育学生进行深刻反思的过程。现在学生有了感悟，可是有了感悟不一定会产生深刻的反思。也就是说，即使有反思，也不保证能落实到行动上。所以，教育时必须注重学生的认错态度和反思程度。可学生因个体的不同，视野也会有所不同，也会有不同的认识，更会产生不同的态度。有的学生心里已经悔改，可嘴上却"金口难开"；而有的学生嘴上"誓言旦旦"表示"改过自新"，可越是把"誓言"挂在嘴边的学生，忘记起来也越快。有时，有些学生交往的习惯和性格，决定了他们与同学发生矛盾纠纷时，不善于冷静对待，容易冲动，很容易让他们以友好的方式开始与别人的交往，却因小事不合心意而以争吵甚至打架的方式结束。

所以，应该缓一步，再走一步，把有限的教育资源充分利用，将教育做足、做深，深入学生心坎。案例中的老师做到了这一步，"把掌声送给为我们提供表演素材的小吕和小章两位同学"，提供了什么素材？当事者当然难以启齿，可是这个素材就是自己提供的，老师说的没有错，于是开始反思，自己为什么会提供这样的素材呢？如果冷静一点，或者礼让一点，也许就不会有这样的素材了。在"同学们的掌声和哄笑声"中，伴随着淡淡的自责，"这两位同学的头垂得更低了"。这样一来，就为学生预留了更大的反思空间，使他们深深地从事件中看见自己，反思自己。

整个表演过程面向全班同学，激发了所有人的反思，老师的"以后同样处理好吗"更是明确地告诉学生，此风不可长，此举不可再有，同学们异口同声地回答"好"，也宣告了此次"演出"的成功谢幕。相信所有学生都会深受教育，深刻反思。可是，那两个因提供素材而被模拟的主角，在这个表演的过程中，会不会受到伤害呢？

急——需及时疏导

通过心理疏导，抚慰学生的心灵，避免他们受到二次伤害，甚至形成难以愈合的心灵创伤，这是比较急切的事，也是刻不容缓要进行"心理疏导课"的原因。老师在事后找了吕、章两位同学，说明心理负面影响的消弭工作正在进行着，毕竟在学校里，不管老师如何民主，如何"低低在下"，"师道尊严"都注定了老师的教育地位。教育方式永远是老师主动，学生相对被动，老师轻轻讲，学生重重听。老师找到学生后，开始寻找学生的心灵共鸣点。

孟子言："人之相识，贵在相知，人之相知，贵在知心。"老师的亲切接见和亲密交谈，让师生双方放下了心中所有的芥蒂，敞开心扉，畅所欲言。于是我们发现了有趣的表露："小章表示，'看到自己吵架的样子这么丑，感到非常难过，以后肯定会注意。'小吕表示，'老师，当时我还以为很威风呢，原来竟是这副怪模样，真想在地上挖个洞钻进去。'"可以想象，这是一次非常愉快的谈话过程，是师生之间心与心的碰撞过程，是学生心扉开启的过程，也是学生心灵成长的过程。

教育，的确是一门永远需要智慧的艺术，需要爱心的艺术。用心做好每一件事，真心对待每一个学生，才是教育的真谛。学生吵架事件的应对过程，"事件回放"所采用的轻、重、缓、急的办法，更是流露出一片爱心，一份真情。

2. 另类日记

——应对学生小错不断

有的学生，大错不犯，可小错不断，昨天乱丢垃圾，逃避值日，今天则爆粗口，不认真完成作业，等到了明天又不知道会犯什么错。班干部管不了他们，甚至连课任老师也拿他们没辙，事事都得班主任亲力亲为，班主任大部分精力牵涉其中，可令人烦恼的是，效果还不佳。

有时他们会因为性格或不良习惯犯一些"小错"，有时也会有几分"故意"和"恶作剧"性质。比如，他们与同学交往，但不知道如何礼让；想借阅同学的书本，不打招呼拿来便是；上课想回答问题，既不举手也不起立，喊出来便是；有时会去干一些"出格"事，惹老师同学生气。他们犯了错，还会"假装"自己不知道错在哪儿。"没有啊，哪里错了"是他们的开场语，然后表现出一副很无奈而被人冤枉的神情，让老师教育时找不到着力点，大多数时候也只能警示性地说两句"以后注意"之类的话，之后不得已地不了了之。教育时，如果老师能"点到要害"，他们也会很爽快地承认自己的错误，"啊，原来错在这儿呢，下次一定改"，这是他们随时会接茬说的，并且还会顺势而下："我写保证书好了。"可就是因为如此随意，反思显得尤其不深刻，教育的影响力显得很是苍白，效果很差。

浩然刚从外校转入我班时表现挺好，活泼、热情。可慢慢地，学生告他状的次数越来越多，被科任老师、生活指导老师拉到我这儿来的次数也多了起来。

浩然总是说："老师，我下次一定改，我给你写保证书。"可是，保证书一张又一张地写，错误照样一次又一次地犯。每次问他"你记得上次的保证吗"，他总是一脸茫然，看来他是真的没有记住。怎么办？我把他的保证书一张一张地收集起来，希望在他下次犯错后，让他先看看以前写的保证书，从而延长他犯错的间隔时间。可是，浩然的表现并没有达到我的预期。

一次打扫卫生，同事把他的保证书当做废纸扔了。浩然又犯错了，我找不到他以前的保证书，于是拿起他的日记本，让浩然把犯错经过写上去。就这样，浩然开始了他的另类日记。

一段时间过去了，我发现浩然记录的内容发生了变化。

11月13日：晚饭后，大家回到宿舍，发现生活指导老师还没来，寝室的门锁着。怎么办？大家都在议论纷纷，不知谁说了一句"爬进去"，我就爬了进去，结果被老师发现了。

11月16日：小军在上课时说我讲话，我就打了他一下，谁知道他就哭了。

11月25日：今天科学课，我在课堂上转书，被老师看见了，叫我停止。可我觉得老师太凶了，就继续转，结果被老师拉到班主任那里。

12月16日：午休前，不知道谁说"我们来扮演'飞虎队'，玩一些刺激的"，我被推选为队长，就和大家一起跳阳台的窗户。

〔翌年〕1月12日：今天午休，我喉咙很难受，觉得去卫生间太麻烦了，就把痰吐在地板上了。

3月2日：早上我发现垃圾桶旁边挺脏的，就用布擦了一下，老师就表扬我了。我觉得擦垃圾桶挺简单的，就对老师说，以后可不可以把垃圾桶的卫生交给我？老师说相信我能做得很好。

3月18日：今天是月休回家的日子，大家都被爸爸妈妈接走了，我妈还没来，我就帮助小鹏一起扫地。椅子一摆，桌子一擦，地一拖，就干净了。其实，帮助别人心里挺舒服的，特别是老师和妈妈都夸奖了我，我就更舒服了。

……

浩然的日记，记录了他的变化。我问浩然为什么日记前后的内容有这么大的变化？浩然告诉我，每次看到不好的记录，就感觉不舒服，他想写好一点的东西，好的东西他就会看了又看。

……

一个典型的大错不犯，小错不断的学生。老师刚开始也没辙，一份偶然开始的"犯错日记"改变了这个学生，让他看见"错误"，从"心"开始真正地改变了自己。

保证照写，错误照犯

不可否认，浩然是一个爽快人，"老师，下次一定改，我写保证书"，如此顺口，几乎是等在嘴边，说明他经常说类似的话，自己"犯错"后有较丰富的处理经验，对老师的教育有极强的免疫力。大有"任凭世事变迁，我依然屹立不倒"之姿，"任凭风吹雨打，我亦巍然不动"之态。于是，"保证书一张又一张地写，错误照样一次又一次地犯"，并成了一种常态，老师实在没办法，只能收集他的保证书，希望"延长他犯错的间隔时间"。老师也就这么一个简单的愿望，可学生没有让老师如愿。

陷入如此境地，原因何在？学生习惯性犯错，又抱着侥幸的心态去面对老师，长期以来就练就了一套外交官般的应对方式：能应付的就不承认；实实在在被抓住的，就马上承认，保证改过。可他心里想的却是，这没什么的，就写写保证书而已，写了之后，即可换来"自由身"。所以他很淡定，有时甚至抑制不住心中的窃喜，出了办公室马上就嘻嘻哈哈。写保证书是他"擅长"的事儿，脑子里有模版，拿出来即可，写得也超快，句子通顺，条理清楚。可就是到底所犯何事是一边写，一边忘，写好随即忘光。深层次分析，如此简单地让学生写写保证书，也就是走走形式而已，学生没有深刻的反思触点，让他发生改变，简直是一件不可能完成的任务。如此反复，如此纠缠，也难怪很多老师对这样的学生无可奈何，甚至抱着无奈的态度，感叹现在的学生一代不如一代，自己遇到不可教的"孺子"，只好自认倒霉。

该如何思索"进取"之道，以有效的措施，使这样的学生发生真正的转变呢？接下来，案例中老师偶尔为之的一件事情，值得我们好好地回味。

看见错误，反思自己

老师弄丢保证书和让学生写犯错日记，都是很偶然的事。刚开始，学生肯定没感觉，写就写了，以前保证书怎么写，现在也就怎么写。可日记本毕竟不同于保证书，保证书是"呈堂证供"，是他不承认错误时呈现的一个证据，是避免他抵赖的挡板，是令他难堪的材料。学生是被动看的，看了必然会烦，更有抵触的情绪。任何学生犯错之后，都会有一个"心虚"阶段，表现为害怕、紧张、后悔，然后不由自主地构建一个自我防御的心理工事，以保护自己。案例中的浩然虽然"身经百战"，可这样的防御状态也不可避免，"没有啊"就是最好的表达词，就是心里害怕的流露，嘴上不承认，表面"波澜不惊"，就是试图掩盖自己心中波动的体现。如果老师拿出他以前的保证书，让他彻底失去自我保护的防线，即使自己这一次不承认，那还有上一次呢？你看，这不是自己上一次犯错留下的"自白书"吗？反感的心绪骤然而起，可"证据"面前又不得不面对现实。若老师的言辞再激烈一些，难免会引起浩然更大的反弹，更别说深刻反思了。

现在好了，老师那儿保存的保证书统统都不见了，浩然心中窃喜之后，也许会掠过一丝感激，是否老师为了保护我，故意丢的呢？看来，这是一个好老师，心存感激的学生，反思会更深刻，这个意外首先获得了意想不到的效果；其次是学生天天要面对日记本，每天面对自己写的那些如何作弄人，如何犯错的经历。刚开始，他也许哑然失笑，原来自己这么"有才"，可看多了，新鲜感过了，渐渐会反思自己的行为。为什么会如此对待同学，待人接物总是如此让人厌烦呢？当一个人开始"看见"自己的错误之后，就会越看越不舒服，错误的记录会像自己心头的大山，压得自己喘不过气来。何时能挣脱它是学生的第一个想法，也是由衷的态度，真正发自内心的感悟。于是，当改变的意念产生后，行为就会随即"收敛"，改变也会自然而来。

要想写好，就得做好

接着，这位学生会试图去做好事，可在他的记忆中，做好事是很遥远的事，甚至觉得做好事该是如何丢人的一件事。可有一天，浩然做了一件让自己永远都不能忘怀的事，那就是"用布擦了一下垃圾桶"，老师发现了，表扬了他。当然不能排除他就是做给老师看的可能，因为他需要表扬，需要得到久违的内心感动。老师很"配合"地表扬了他，对老师来说，表扬学生是最简单不过的事，可对学生来说，表扬是成长的催化剂，是对他表现的肯定。受到表扬的浩然随即表示："以后把垃圾桶卫生交给我。"看似简单的一句话，对一个"错误不断"的学生来说，需要拿出多大的勇气，很难想象他"蓄谋"了多久。作出如此"重大"的决定前，他该有过多少个辗转反侧的夜晚？浩然为何不选择默默地为他人做好事呢？只因为垃圾桶是摆在大家眼皮底下的公共设施，他的每一次清理大家都能看到，再说垃圾桶的整理简单易行，效果显著。可见浩然是多么聪明，竟然想到如此妙招。一个从来都受老师质疑和批评的学生，表扬是什么？是久违的信任，是久旱的甘霖，是来到人间的天使。

当老师"不解"日记中的变化时，浩然的回答让我们震撼："看到不好的记录，感觉不舒服。"试想谁愿做一个"坏"学生呢？当他突然发现自己一直以来都是"破帽遮颜过闹市"的时候，该是如何地反省自己？是继续"躲进小楼成一统，管他冬夏与春秋"呢，还是"洒心更始"？这就需要一个反省的空间，反思的机会。日记，让浩然获得了这个空间，在读写的过程中反思了自己的行为，于是他开始想"写好一点的东西"，因为"好的东西他就会看了又看"，多么简单质朴的想法，多么让人发生感触的想法。

　　想写得好，必须做得好。朱永新教授也曾这么说过，也一直这样做。浩然同学虽不曾与朱教授谋面，却"英雄"所见略同，获得"成就"也同样不同凡响。印证了一句话，境由心生，当"必须做得好"成为一个人内心的愿望时，这催人上进的信念，将给人以源源不断的动力，促使人去获得成功。

　　浩然的另类日记虽每天只有寥寥数语，却是一部记录一个人史诗般成长历程的巨作；波澜不惊，却是一个人用心去改变自己的巨献；看似平淡，展开的却是一幅毛虫蜕变成蝴蝶的绚丽画卷。

3. 果断干预
——应对学生跟风起哄

学生中的"跟风起哄"事件会时不时发生，有时一件看似不起眼的小事，经大家一起哄，纷纷跟风效仿，甚至闹成了"大事"。有人折一架纸飞机，校园满是"飞机残骸"；有人给同学起了个绰号，全班叫成一片；今天有人出操请假，明天七八人"咳嗽流感"……诸如此类，相信每一位老师都会遇到，许多老师为了省事，快刀斩乱麻，简单制止，批评了事。这样，造成的结果往往是学生表面接受批评，明里风平浪静，暗里波涛汹涌。

于是，经常看到有的老师今天批评了这个人，明天又得处理另外一件事。总之，学生中似乎"危机四伏"，许多偶然事件也往往发展成了必然。其实"跟风起哄"的事件，错误不能仅仅算在一两个人的身上，处罚一两个人只会造成更多人去旁观，去看热闹，"杀鸡儆猴"的教育方式，只能让学生产生暂时性的"害怕"，不足以引起大家进行更广泛、更深刻的反思。只有引导大家，透过事件的现象看到问题的本质，深刻认识到自己所要承担的责任，才能预防这样的"跟风起哄"事件的再一次发生。所以，处理这样的事件，老师起着决定性的作用，结局是否圆满取决于处理事件的老师是否能看清事件的本质，追责是否合理，诉求是否达成，认识是否一致，反思是否深刻。现透过一个案例来分析：

"丢呀！""好啊！""丢呀！"窗外传来闹哄哄的声音，很是热闹，在办公室里听得很真切，好像有我班学生的声音。怎么回事？

我疾步来到教室。果然，几个学生正把课间餐吃的梨子收集起来，一个一个地向窗外抛去，比谁丢得远，伴随的是大声叫好的欢呼声，教室外边的草坪上到处是梨子的碎片，一片狼藉，惨不忍睹。

"你们在干什么？"我抑制不住怒火，大吼了一声。见我过来，他们惊呆了，立即停了下来。

"怎么回事？"见我还是很生气，始作俑者都不敢回答。

"他们说梨子有点烂不能吃，就把它丢掉，"小航悄悄地回答，"是小刚带头的。"

我看了看小刚，他竟然一副大义凛然的样子。

"是他们拿来，让我丢的。"小刚的解释虽然有推脱之嫌，的确也说明这不只是一个人的错，这么多人参与，而且还有这么多人跟着起哄。

"现在怎么办？"我还是显得很生气，看到的是学生们面面相觑。

"参与丢梨子的人去把草坪捡干净。"我觉得当务之急应该先把草坪清理干净。

一个多小时后，小刚他们提着整整两大袋的梨子碎片，垂头丧气地回来了。

我朝窗外看了看，验证了他们的确捡干净后，转身离开。丢下小刚他们呆呆站在那儿，见老师没有批评就走了，所有学生都露出了疑惑的眼神。

一天过去了，学生发现老师没有提到半个"梨"字。

又一天过去了，学生欲言又止的神态很是可爱，小刚他们战战兢兢的样子更是好笑。

第三天，学生终于熬不住了，我想可能是学生认为与其这样在煎熬中度过，还不如让老师痛痛快快地批一顿。班长小航小心地试探着问："老师，小刚那天丢梨子的事情……"

我一抬头，看到的竟然是一个个翘首期盼的面孔，而我好像看到了一群准备看热闹的人，心里很不是滋味。

"丢梨子的事情影响很恶劣，的确让老师生气，也很伤心，伤心得不愿提及这件事，老师觉得这已经不仅仅是浪费食物和乱丢物品污染校园环境的问题了。既然大家提到了如何处理，我想这件事发生在你们中间，还是让你们先说说自己的想法。"我看到了一个个跃跃欲试的人，憋了两天，肯定有许多义愤填膺的说辞。

"老师希望从这样三个方面思考：一是这件事情为什么会发生？二是仅仅是小刚他们几个人的错吗？三是如何处理这件事？"我说完后，看到学生一下子安静了下来，也许他们真的没有想到竟然如此复杂，自己原来准备的那些大道理可能用不上了。

围绕着三个问题，学生不知疲倦地讨论了近两节课，终于有了一个理性的归纳：一是如果每个人都吃掉自己的梨子，不拿去支持小刚他们做这些错误行为，这件事就不会发生；二是不只是小刚他们有错，看到错误的事情发生，非但没有人去制止，反而参与，跟着起哄，大家都有错；三是大家都要检讨，小刚他们得更深刻，还得保证下不为例。

后来，小刚他们为了表示悔意，提出为学校义务劳动一周，得到了同学们的纷纷响应。此后，班里再也没有发生类似跟风起哄的事件。

类似学生"丢梨"这样有几个人参与和多数人见证的"跟风起哄"事件，折射出每一个学生都有干坏事的冲动，但是克制力和认识的不同决定了他们在事件中所处的位置，所以处理方式也非常讲究技巧。本案的成功之处，在于教育者能四两拨千斤，充分挖掘"危机"背后的教育契机，紧紧抓住学生微妙的心理变化，激起学生解决事情的期待，巧妙艺术地进行教育。

果断干预

很多老师打着"爱学生"的旗号，遇到学生调皮捣蛋一笑了之，出现违规违纪的事情也不干预，不处理，最多只是不痛不痒地说几句，学生嘻嘻哈哈，老师得过且过。以致到最后，学生"不知牛马"，不懂规矩，自由散漫，成为校园中的"钉子户"、"钉子班"。

"丢梨事件"看似学生无意间的一场恶作剧，实质是某些学生无知无畏、跟风起哄的一种表现，事情的缘起很可能是由一两个学生挑起，然后三五个跟风，十来个起哄，多数人默然，少数几个敢怒不敢言。这样的事态发展，会有一个很可怕的结果，在校园中造成爆炸性的恶劣影响，毁坏班集体的形象，让班主任的名誉受损，而且个别学生会受到更加严厉的处理或处罚。遇到这样的事件，只有果断采取措施，迅速而有效地制止事态扩大，能善后的要迅速，把对学校的影响和损害控制在最低限度。

美国学者肯特夫妇提出并倡导的"果断纪律策略"中，提到了调皮捣蛋行为的处理方式，有些时候，学生特别调皮，常常将老师的常规训练置于脑后，肯特建议老师运用下列两项控制技术："走进去"和"不许动"。本案使用了第二项技术"不许动"。本案例中，老师大吼了一声"你们在干什么"，没有多余的句子，却足具震撼力，对失控的学生使用，非常有效。学生的错误行为即刻终止，老师的干预初见成效，学生对自己的错误行为也会恍然大悟。他们心里会想，能让老师这么生气，这件事肯定错了，而且很不对，因为在学生的心中，老师的反应程度决定了错误的大小。所以，要果断地制止这样的事件，教师要坚定而又冷静地大声喊出命令和要求，特别是平时温文尔雅的老师，会更具威力，也足能产生影响并制止一件错事的继续蔓延。

缓急分明

接下来，老师似乎有一个重要的选择，那就是让学生先去处理草坪上的碎梨呢，还是先进行批评教育？遇到这样的"丢梨事件"，许多班主任都会控制不住大发雷霆，一声吼叫之后，紧接着就会给学生一顿重批，随后，再让学生去捡起草坪上的碎梨。这样做，表面上看学生能知错就改，教育效果似乎也很明显，可学生是带着情绪去完成捡碎梨工作的，因为他们会觉得丢梨已经挨过批评了，捡梨就是惩罚性的任务了，因为是被动任务，他们是不情愿的，认识和反思也是不深刻的。

案例中老师在批评和善后两件事的处理上，是先让学生去捡起草坪上的碎梨。这种处理方式，看似无为，实质含义深刻，是大智慧。在当时的情况下，所有学生都会觉得老师的惩罚是正常的，包括他们自己都会有这样的思想准备，可老师却反其道而行之，让学生先去捡梨。这样，学生会在自责和内疚中，去完成这些善后工作，老师的善意也会激起学生加倍回报的愿望，从而更加努力地去完成。这样做的另一个好处就是，它让学生明白，犯错之后当务之急的事情是什么，不是受到责备或惩罚，而是抓紧善后，去清洁校园的环境，把恶劣影响降到最低。这说明维护校园的利益和减少恶劣影响比惩罚更重要，从而让学生懂得维护公共利益、爱护他人的重要性，培养学生缓急分明的态度，以及明智和冷静的分析能力。

正所谓"道有缓急，容有大小，势有高低"，教育学生亦如此。特别是处理学生中发生的"跟风起哄"事件，教育者要有一种超然的境界和明智的态度，各种教育方式才能运用得进退有度，进行班级管理与学生教育，矛盾处理之时，才有不失之偏颇的解决之道。本案中，教育者能缓急分明，缓即批评和教育学生随时可以进行，可以缓一缓；急即清洁草坪的善后工作却是当务之急，消除恶劣影响，马虎不得，怠慢不得。一念之间，也折射出老师的心态、待事方寸和育人理念，对待事件区分轻重缓急，分寸合适拿捏的教育艺术，能换位思考，有不苛求学生的爱生之情，有紧要关头能冷静掌控大局的能力。

激发深思

草坪上的碎梨捡完了，恶劣影响得到了遏止，班集体名誉上的损失也降到了最低点。下一步是不是该进行批评教育了呢？几个学生也做好了接受批评的准备，因为他们也在辛苦的"劳动"中深深地感知"出事"容易，"善后"艰难的道理，可能已经悔不当初了。此时教育也是好时机，特别是当事者，受到的教训是深刻的。可在案例中，老师并没有马上采取相对应的教育措施，而是在看了草坪被捡干净后，拂袖而去，丢下了一群"不知所措"的学生。这显然不符合学生的思维方式，做错事的人，理应受到批评，老师为什么会这样轻易地放过这些"犯了严重错误"的学生呢？如果错误不是那么严重，此前老师又为什么会如此"大吼"呢？不可理解，于是，学生自然议论纷纷，猜想连连，几天不得其解。所以就有了之后的"欲言又止"和"无限期待"，以及班长小航"小刚那天丢梨子的事情……"的试探性问话。于是，老师在表明自己的立场后，继续压制了学生义愤填膺的说辞，抛给学生一个深思的话题，从而避免了一个泄愤、看热闹场景的出现，以及"落井下石"心态的蔓延，激起了学生对事件的深刻反思。

教育工作中，挖掘出学生心中的所思、所想，让全班学生在达成共识，形成正确舆论之前，激发学生深入思考是形成决议和共识的重要前提。这正契合了王安石的一个重要观点——"求思之深"，他在《游褒禅山记》一文中就提出两忌：一是"忌随之"，即随波逐流，没有主见；二是"无不在"，即客观公正，顾全大局。其实，教育亦如此。本案中，教育者并没有泛泛而谈，而是充分给予学生独立深思的空间，让学生能"言人之欲言，言人之不能言"，全面、客观地剖析问题，让学生看到了"丢梨事件"的本质是一个人在失去了监督及自我克制之后事态的严重发展，从而明白自己的职责，最后达成共识，树立了责任意识。这样的一个让学生经历深思、谈论达成共识的过程，避免了教育者一言堂，避免了学生的见机行事、阳奉阴违，树立了学生遇事要有自己的判断和主见的意识，营造了"人人都是监督者、管理者"的民主气氛。

若把学生"跟风起哄"作为一种危机，那么任何一种危机背后都隐藏着教育契机，经历过危机的学生，往往更容易面对教育，应通过教育，启迪学生看清事件的本质，认识到自己在事件中所承担的责任，让他们更坦然地面对危机，更有理性地处理危机，更有经验地预防危机。让危机带来的不只是危机，抓住其背后的教育契机才是教育的大智慧，才能真正悟得教育的真谛。

4. 期待不同

——应对学生爱出风头

有这样一类学生，凡事爱出头，哪里热闹往哪里钻，不管是什么事情，他都会参与，同学遇到困难他会及时帮助，老师哼一句他会义无反顾地前来帮忙。有时他会笑料百出，是大家的开心果；有时他会作弄胡闹，是同学们眼中的讨厌鬼；有时他还调皮捣蛋，还是老师眼里"不听话"的学生。他不甘寂寞，精力旺盛，每天都会弄出一些事来，让人意想不到，有时甚至用哗众取宠的方式吸引同学们的注意。可他对外在的评价却非常在意，同学和老师的言语往往能左右他的行为。

就是这样的学生，特别在自我表现比较亢奋的时候，还会不把老师"放在眼里"，我们会如何对待？通常，我们希望通过指责来改变这类学生的行为，期待他们能在不断的"指点"下，不断的"修正"中，表现出良好的一面。可我们经常发现，越是这样，他的表现就越不如预期，离我们的期待也越来越远。

花坛中央的一棵雪松上静静地躺着一个篮球，不知道是哪位学生不小心丢在上面，也不知道什么时候丢上去的。我好像看到一群孩子从雪松旁走过，来了又走，走了又来，可能看到我就站在花坛旁，他们始终不敢把篮球取下来。

过了一会儿，我看见小强斗士似的举着一根棍子，昂首挺胸地朝雪松走来。他想干什么？这个在学校"小有名气"的孩子，又想干什么坏事？

我喝住小强："小强，你前一段时间砸坏了玻璃，昨天又从三楼乱倒开水，今天又拿一根棍子，准备干什么？"

小强犹豫了一下。

"还不放下棍子来这儿！"见我一脸的严肃，小强终于放下棍子，哭丧着脸来到我面前。

"老师，是他们让我去取下篮球的。"小强吞吞吐吐地说。

"是吗？看来你是在帮别人做事喽。"我略有所悟地说。

"是呀，他们都说您在这儿，不敢来。"小强开始为自己找台阶。

听了小强的解释，我觉得应该得让小强明白一些事理，避免今后继续做出一些与众不同的事。"为什么他们不敢，而你却毫不在意？"

小强一时语堵。

"堂而皇之地拿着棍子，你觉得这样好吗？"

小强继续低头不语，这个平时自称"中央政治局常委"，班主任讲一句，顶回去三句的学生，今天似乎被我抓住了"把柄"，他用眼睛偷偷地瞄了瞄我，见我还是一脸的严肃，又迅速垂下了眼帘。

"在老师的印象中，每次看到你，你好像都在做一些让老师认为比较不好的事，对吧？"

小强用嘴嘟囔了一下，没有发出声音。

"你也会做好事，是吧？"我似乎看见小强点了一下头，也许他觉得自己做的好事是有的，就是太少，或者自己也记不得了，也许是很遥远的事了，反正想不起来，于是只能心虚地晃动一下自己的头，不置可否地敷衍一下。

"可是老师从来都没有看见，对吧？"我一字一顿地说，为的就是让他产生强烈的内疚感，以触动他内心向上、向善的那一根神经。

"是"，小强果然热泪盈眶，很是勉强地咬出了这个"是"字。

我静静地看着他，等待了一会儿。

不能再折磨他了，这是个好强的学生，短短的几句话，我们却用去了十几分钟的时间，对于一个脾气有点儿暴躁的学生来说，那简直是几个世纪的等待。

"今后，你能让老师看到一个不一样的你吗？"我开始绽放我的笑容。

"行！"小强斩钉截铁地回答。

"帮别人拿篮球，算是一件好事，你先做好，棍子要送回原处，以后不准再碰。接下来的日子，老师可要看你的表现喽。老师还会向你的班主任老师和同学了解情况的哦。"

"好！"小强笑了。

不一会儿，就看见小强拿起一个垃圾袋，到处忙碌着。

于是，在校园的角落，经常会看到一个热心的身影，捡起一支同学丢掉的笔，扶起一把倒地的拖把，帮助低年级的学生系鞋带，帮助身体不好的同学值日……老师和同学们都说，小强变化很大。

小强是一个爱出风头，敢作敢为，甚至有点无所畏惧的学生，同学们不敢的，他乐意尝试；同学们顾忌的，他敢于突破；同学们动动嘴皮子，他就付诸行动……应该说这是一个"非常男孩"，强压肯定适得其反，案例中的成功之处就是通过期待，循循善诱，成就不同。

非常男孩

现如今，在男孩需要"拯救"的时代背景下，这么一个男孩出现——"斗士似的举着一根棍子，昂首挺胸地朝雪松走来"——而且就发生在老师的眼皮底下，的确令人感到意外。案例中老师的反应也在情理之中，看见这种场景出现，这样的想法并不奇怪："他想干什么？这个在学校'小有名气'的孩子，又想干什么坏事？"于是就"喝住小强"。可以看到，这是目前学校老师对待学生"与众不同"行为时出现的基本态度，而能出现这些行为的基本是男孩，当一个男孩被经常性地"喝来喝去"，战战兢兢就会出现，唯唯诺诺自然产生。

不是吗？即使是不小心让篮球静静地躺在花坛中央的一棵雪松上，

因为有老师站在花坛旁,许多男孩也不是照样"从雪松旁走过,来了又走,走了又来,始终不敢把篮球取下来"。为什么?怕老师误会,怕老师又是一顿"问责",谁都不想惹这样的"麻烦"上身,还是远离比较好一点。可不拿怎么行?毕竟是自己的东西,心爱之物怎能舍弃?或者是班上的物品,班主任会追责的。无奈之下,大家想到了这个男孩,一个"非常男孩",男孩一听,可能拍胸脯保证,这有何难,于是就出现了上述一幕。实在是不巧,还是被老师"喝住"了,可老师为什么要拦住他,因为他"前一段时间砸坏了玻璃,昨天又从三楼乱倒开水,今天又拿一根棍子",的确是"坏事"一箩筐。如果换成另外一个表现好的孩子,老师可能就会领悟他们的用意,自然没有必要制止了,可关键是他们不敢,只有这个"非常男孩"敢于冒这个"风险",勇挑"重担"。犹如水浒中的武松,"胸脯横阔,有万夫难敌之威风;心雄胆大,似撼天狮子下云端",说实话,这样才像个男孩。

循循善诱

男孩,需要保持血性,可更要明白事理,得有所为,有所不为。要认清这个本质,并实践在行动上,必须要教育者进行循循诱导。爱出风头的男孩,只要能吸引同学的目光,只要有人叫好,他很少会顾忌事情的对与错,有时甚至以"与老师作对"为乐,来凸显自己的与众不同。为了能让男孩"明白一些事理,避免今后继续做出一些与众不同的事",案例中老师在应对时,采取了这么几个策略:

一是看清自己。人最不容易看清的就是自己,"不识庐山真面目,只缘身在此山中"。为了引导学生看清自己,老师在与男孩谈话中了解相关背景后,用了两句问话,"为什么他们不敢,而你却毫不在意","堂而皇之地拿着棍子,你觉得这样好吗?"这也让平时巧舌如簧,"班主任讲一句,顶回去三句"的男孩一时语堵,这两句醍醐灌顶式的提问,使男孩产生了强烈反思：对呀！老师好像说得没错，好像就是这样的，大家都不敢为之，自己却胆大妄为，自己似乎有点出格。

二是看清问题。看清自己，只是一个模糊的认识，看见了自己的与众不同，可没什么不好呀。自己本来就是这样的个性，此时男孩的心里肯定会为自己解脱，于是就"用眼睛偷偷地瞄了瞄我"，可"见我还是一脸的严肃，又迅速垂下了眼帘"。因为他不知道自己还犯了什么错，自己只是在做"好事"而已。所以，老师引导学生看清问题是关键。"在老师的印象中，每次看到你，你好像都在做一些让老师认为比较不好的事，对吧？"好，问题来了，老师的这一句让男孩知道了问题所在，原来自己错在做了"老师认为比较不好"的事。男孩于是"用嘴嘟囔了一下，没有发出声音"。很有意思，男孩似乎想承认，可是"承认"这个词，在他的词典里不曾有，想辩解一下，可又觉得解释不通，只好作罢。

三是正确引导。所有对学生的指责，只能让学生更加"不知所措"，因为他们不明白怎么做才不会出现错误，只有正确引导，给他们指明方法，才能真正引领其成长。"你也会做好事，是吧？"老师的这句话，切中要点，男孩豁然顿悟，原来老师希望我做好事。可是自己做过好事吗？打开记忆去搜索那模糊而遥远的过去，结果只有两个字：没有。要知道凡事爱出风头的人，总是不想承认自己"没有"的现实，那可太伤自尊了，于是"只能心虚地晃动一下自己的头，不置可否地敷衍一下"。可老师还是"哪壶不开提哪壶"，揪着不放，还一字一顿地在继续："可是老师从来都没有看见，对吧？"于是男孩产生强烈的内疚感，热泪夺眶而出，触动了内心向上、向善的那一根神经，自在情理之中。

期待不同

皮革马利翁效应告诉我们一个事实，那就是期待可以让人有一个幸福的开始，期待可以让学生变得更好，走得更远。期待的教育艺术，理应成为我们教育者的家常便饭，而不是珍馐佳肴。"'今后，你能让老师看到一个不一样的你吗？'我开始绽放我的笑容。"案例中老师绽放如花的笑颜就像一个无限的期待，让男孩感到如沐浴春风般的温暖，男孩笑了，很灿烂。一个美好的心情，一个怀揣幸福的时刻，一个饱含期待的开始。

接下来，我们欣喜地看到这样的一幕："男孩拿起一个垃圾袋，到处忙碌着。"不可否认，这是做给老师看的，可又有什么关系呢？一个喜欢在同学和老师面前展示自己的男孩，他表现出与以往不同的一面，积极向上的一面，令人可喜的一面，一个全新的开始。这种表现也正是老师所期待的，老师说了："还会向同学、班主任进行了解的。"为了不辜负老师的殷切期望，男孩作出了巨大的努力，我们可以看到"在校园的角落，经常会看到一个热心的身影，捡起一支同学丢掉的笔，扶起一把倒地的拖把，帮助低年级的学生系鞋带，帮助身体不好的同学值日……"一个全新的男孩终于出现，而且是一个不改男孩本色的转变，一个升级版的男孩。

谁不想做一个最好的自己呢？可是当孩子作出努力的时候，谁能够看到呢？谁又在期待孩子成为一个最好的自己呢？特别是一个爱出风头的男孩，为何不给他一个更美好的期待呢？期待不同，成就卓越。

是呀，期待是一种力量。每个人都有一种期待，每个人都渴望受到别人的期待。期待孩子，用一种虔诚的翘首来期待。期待，能让孩子开始梦想之路的美丽心情；期待，也能让孩子更加精彩。

5. 看见未来

——应对学生危险行为

在日常的管理和教育中,安全是"头等大事",特别需要进行防范和引导。平时经常看到这么一个事实,我们的安全教育更多地在危险行为出现之时或安全事故发生之后进行,而且往往是说教和简单的制止。因为做的是亡羊补牢的工作,被动的支招,虽然往往警示的效果明显,换回了一段时间的平静,可一段时间之后,当大家的记忆慢慢淡去的时候,又出现了昨日故事的重演。

透视发生意外甚至伤害事故的主要原因,不难发现是学生安全意识的缺乏,无安全常识的危险行为成了发生意外的必然,给学校管理带来极大的压力。如果能够及时发现,及时教育,采取有效的防范措施,提高学生的安全意识,防患于未然,不就能有效地预防事件的发生么?的确,在日常教育工作中,我们通过安全知识学习、安全疏散演习、逃生练习等,很大程度上提高了学生的安全意识、安全技能,增强了学生在面对意外事件时的应急能力。可是,意外还是在不断地发生,关键问题出在哪儿?是教育的不到位,还是学生的记忆退化?平时在教育学生时,我们已经遵循记忆不断强化的教育重复性原理,也注重教育的反复,反复抓,抓反复。可意外还是发生,如何才能更有效?有这么一些现象就发生在我们的身边,我们透过几个镜头看如何教育。

镜头一:石头和子弹。

学校正新建一栋学生宿舍楼,建筑工地就在校内,会有石子、沙子、钢筋等堆放在里面。虽然学校也做了很好的防护措施,包括进行隔离,对学生进行安全教育,并禁止学生入内,可还是有百密一疏的地方,每到课间，工程车进出时，总有个别学生趁管理人员不注意溜进工地，捡起石头放在衣兜里，抓一把沙子在手上，握一截钢筋出来，于是在校园内，学生撒一把沙子，丢一两块石头，用钢条"翩翩起舞"的现象时有发生，看得我们心里发毛。虽然老师不断地制止，加强了防范，并且还进行了批评教育，但还是有学生不断地越过雷池。看来，学生的好奇心战胜了克制力，大有宁可挨批，也要"勇敢"尝试之意。

我们必须改变方式，在一次全体学生的晨会上，我给大家做了这么一个解释：大家都知道子弹吧？子弹不就是一小块铁，为什么能伤人呢？因为它的速度很快，速度快，穿透力就强，所以能伤人。同学们喜欢到工地上玩，工地上经常会有石头从空中掉下，石头从空中落下，运行一段距离后，这颗石头就能达到子弹的速度，你看工人叔叔进出工地都要戴上安全帽，你什么都没有，难道你想尝尝"子弹"的味道？学生一阵哄笑。

这次晨会后，再也没有学生进出工地。

镜头二：课间的"跑"。

课间十分钟，是学生快乐的休息时间，许多学生会选择轻微的活动进行调整，而另一部分学生会在教室内、楼梯上、楼道里来回追逐。在教室里，几个学生在追逐，时不时碰到桌子，于是学生扶正桌子，揉揉肚子，继续玩耍；在楼梯上跌倒了，被同伴扶起，拍拍裤子，一瘸一拐离去；在楼道里撞到了同学，相互说了声"对不起"，就笑着跑开了。

一位班主任看见了，召开了一节班会课，主题是"谈谈课间的'跑'"。学生列举了"跑"的种种好处：活动了筋骨，可以更有精神对待下一节课；"跑"还能增进同学们之间的友谊；等等。有的学生列举了"跑"的坏处，特别是在教室里跑，影响了其他同学的学习，而且容易碰到桌子或教室里的其他物品，轻者损坏物品，重者自己受伤，还可能连累其他同学。学生还就有可能发生的一些意外情况进行了演示和模拟：模拟教室内碰到桌子，摔出满地书本、文具；模拟在楼梯上向下跑时，冲下去收不住，摔得头破血流；模拟在楼道与同学相撞，撞得鼻青脸肿。一个个模拟场景如电影般在同学的面前展示，引起了同学们的共鸣。

从此，教室里、楼梯上、楼道口再也没有出现追逐打闹的现象。

案例是通过情境的模拟，创设让学生看见未来的活动情境，让学生在"经历"中受到教育，在欢笑中感悟。学生能直接在参与活动的过程中得到教育，在于有一种现场感，扑面而来的感触会直达学生的内心深处。

看见未来

安全事故，往往发生在人们的视野之外，麻痹之时。安全教育，只有带给学生强烈现场感，或是让学生"亲身经历"，才会有深刻的触动。可难点在于，如何进行现场感的教育？总不能在进行预防火灾的教育中，把学生带到火灾现场或现场点一把火吧？感受危险行为，总不能先弄伤几个人吧？因此，只有通过现场的模拟，创设一个让学生"看得见"的场景，激发学生内心感悟，实现安全教育的目的。

案例中，两个镜头都扫描了教育无效的现象——"不断地制止，加强了防范，并且还进行了批评教育，可是还是有学生不断地越过雷池"；"揉揉肚子，继续玩耍；拍拍裤子，一瘸一拐离去"。不可否认的是，发现了这些现象以后，老师肯定做了大量的教育工作，可是效果依然不是很好。转变在于改变了教育策略，运用让学生"看见未来"的方式，通过情境描述，"石头从空中落下，像一颗子弹，工人叔叔戴上了安全帽，你什么都没有，难道想尝尝'子弹'的味道"，启迪学生深思；进行了现场的模拟，并呈现了"结果"：摔出满地书本、文具，摔得头破血流，撞得鼻青脸肿。"未来"就在眼前，强烈的视觉冲击，引起了学生共鸣，可以看到，后来的效果十分显著。创设模拟情境更是契合这样的一句名言:"听过的,我忘记了;看过的,我记住了;参与的,我感悟至深。"

深刻体会

想提高认识必须有深刻的体会,安全教育更是如此。没有让学生参与的深刻体会,教育肯定只是流于表面的形式而已。如何对教育素材进行挖掘,让学生产生深刻的印象呢?让我们先来审视以往的安全教育方式,通过宣传相关知识、解读现象政策等方式进行,这是我们教育中经常提到的"填鸭式",并没有充分发掘学生原有的认识,也就是没有从学生的知识原点出发。有人会问,安全教育也需如此吗?当然,从记忆曲线的角度理解,我们把安全知识加在学生的原有知识之上,而没有内化,遗忘就不可避免地发生。已经有正确认识的学生,一段时间过去正确认识依旧;原有错误认识的学生,由于没有体会到为什么错误,错误的观念没有消除,后添的正确常识,随着时间的推移也就渐渐淡忘了。案例中呈现的现象也充分说明了这一点——"看来,学生的好奇心战胜了克制力,大有宁可挨批,也要'勇敢'尝试之意","学生列举了'跑'的种种好处,活动了筋骨,可以更有精神对待下一节课;跑还能增进同学们之间的友谊;等等"。

体会,即体验领会,是对某种境界或事物的感受。安全教育,需要通过让学生体验从而正确地领会,获得一种恍然大悟的感知。镜头一,老师让学生领会"石头从高空落下,也会因为加速度,产生巨大冲击力"而伤害到人的身体;镜头二,同学们模拟了教室内碰到桌子;在楼梯上向下跑时,冲下去收不住;模拟在楼道与同学相撞;等等。这些都让学生体会到原来危险就在身边,就发生在平时的一些不经意的举动中。苏霍姆林斯基说:"没有,也不可能有抽象的学生,请记住体验。"让学生有所体验,应该是安全教育中更加需要也更加急迫的一个实施途径。

改变认识

　　改变错误认知,树立正确的认识,是安全教育的最终目的。要改变认识,首先必须找到错误的认识所在,再研究出相应的对策,运用无痕的教育,让学生不知不觉地、快乐地改变,在一笑中感悟。镜头一,老师说,"同学们喜欢到工地上玩,工地上经常会有石头从空中掉下,石头从空中落下,运行一段距离后,这颗石头就能达到子弹的速度",让学生明白为什么老师会制止他们进出工地,原来老师是怕他们出危险,怕他们受到伤害,认识到原来不是为了"听老师的话,做个好学生"才不去工地,终于明白老师的用意了。当学生明白事理,有了正确认识之后,教育自然事半功倍,"难道你想尝尝'子弹'的味道",学生在"一阵哄笑"后接受了这次轻松愉快的教育,改变才会发生,于是就"再也没有学生进出工地"。镜头二,"一个个模拟场景如电影般在同学的面前展示",让学生深刻认识到原来"跑"还有这么多的危险,原先大家的认识是不足的,通过体验"引起了同学们的共鸣",改变认识、提高认识就显得非常自然。

　　由此可见,要改变,必须先提高认识,安全教育更是如此。提高学生的安全意识,不仅靠简单制止和事后的说教,关键是要防患于未然,把有可能发生的突发事件化解在萌芽状态,只有深入地研究成因,启迪学生"看见"未来,让学生发自内心地构建"防护墙",才能真正预防突发事件。

6. 如期关注

——应对学生不明事理

许多时候，个别学生由于不明事理经常会出现一些匪夷所思的举动，让老师"啼笑皆非"，甚至无可奈何。他们时而真糊涂，好像什么事都不太明白，糊涂得没有道理而言；时而又装糊涂，即心里很明白，表面却装作什么都不知道，让人雾里看花，分不清是真是假。表现为：给他的承诺，他记得一清二楚，他对别人的许诺忘得一干二净；自己给别人的小恩小惠，他永远记在心上，别人给予他的善意，即使再大，他有时却视而不见，听而不闻。

这样的学生凡事爱认死理，也就是所谓"一根筋"。若遇到他们与同学发生纠纷，老师就会有点麻烦，理不清，也解不开，而且他们在一件事情的认识上会比较"执著"，态度坚决，非常麻烦，有时好话说了一箩筐，结果，这里绕来，那里拐去，却发现他完全没有绕过弯来；把问题进行深刻的剖析，却发现他还是不愿协调。解决的时候理不出头绪，教育找不到着力点，让老师非常无奈，用一句直白的话讲，就是活活被他们气死。

上午，王老师在电话里急切地说，林老师你快来，我班的一个学生和一个四年级的学生打架了，现在双方都还杠在那儿呢！王老师是一年级的班主任，怎么会有一年级学生跟四年级学生打架，还杠在那儿？我不知道是不是自己听错了，由于一时很忙走不开，我让王老师拿一张凳子让双方先坐下来，等我过去。

等我来到他们的教室，发现四年级的学生已经离开了，一个一年级的"大朋友"平静地坐在王老师的对面。见我终于过来，王老师如释重负，悄悄地把我拉到一边，"这个孩子叫继轩，平时不发脾气的时候，表现还可以，发起脾气就会对同学动粗，每天都会发作，昨天还刚刚打破了班里的花盆。今天说四年级的学生打他，就抓住那个四年级学生的衣服不放，刚刚上课铃声响了，才松手让他去上课。"

我叫来这个高高大大的一年级"大朋友"，准备了解整个事情的经过，可继轩不断重复一句话："那个穿白色衣服的大哥哥打了我。"看来，不找到这个"穿白色衣服的大哥哥"，我是不能从继轩那儿了解清楚到底发生什么事儿了。于是，我带着继轩到四年级挨个班找，看着继轩老练找人的样子，我心里犯着嘀咕，这像一年级的学生吗？可是找遍了所有四年级的班，却找不到穿白色衣服的学生。

"是不是你记错了，你确定是四年级的大哥哥吗？是穿白色衣服的吗？"我不解地问继轩，见继轩不置可否地点着头，我有点失望地说："那我们去五年级找找吧。"

正当我们准备离开，一个穿蓝色衣服的学生来到了我跟前，"老师，刚才是我和他闹的别扭。"

"继轩，是这个大哥哥吗？"继轩点了点头，"你不是说穿白色衣服的吗？"我不解地问。

"哦，老师，我的衣服背后是白色的。"这个四年级学生连忙解释，原来他穿的是一件前面蓝色、后面白色的双色衣服，可能刚才继轩抓住了他的后面衣服，看到是白色；而找人是从正面找的，看到的是蓝色，所以没有发现。

原来，这个四年级的学生发现继轩经常对自己读一年级的表弟动粗，所以想过去"警告警告"，希望继轩以后不要那样做，可继轩不但不买账，反而不依不饶地抓住他，弄得他差点连上课都迟到。

"继轩，是这样吗？"我诧异这个一年级的学生竟会有如此举动。

继轩呶呶地说了半天，我终于明白了，连起来是这么一句话："我打人是昨天的事，昨天已经过去了，我今天又没有打人，他今天还来找我干什么？"

　　我听了啼笑皆非，这就是一个一年级学生的逻辑。

　　可是，又有什么错呢？当一个学生纠结于往事的时候，我们总是会对他说，过去的事情就让他过去吧！现在这个一年级的学生准备让这件事过去，可是别人却不愿意了，他怎么能绕得过弯来呢？

　　怎么办？总不能让继轩这样无休止地闹下去，但也不能总让他不断地忘记过去，必须让他认识到自己的错误。

　　"打同学是不对的，你知道吗？"我问继轩。

　　"嗯。"继轩点了点头。

　　"你能保证以后不会这样做吗？"我开始期待地问继轩。

　　"嗯，我保证。"继轩回答很干脆。

　　"那你觉得小朋友之间应该怎样相处呢？"我想他可能是不懂如何相处。

　　"应该友好，应该要微笑。"继轩的回答出乎我的意料。

　　这不是道理全都懂吗？看来是那种"知道却做不到"的学生，不懂得如何克制自己的情绪，我的想法得到了王老师的证实。

　　"他总是这样，做保证的时候态度很诚恳，可发起脾气来，就糊里糊涂了。"王老师悄悄地对我说。

　　"那我们可以在他发脾气之前，就经常提醒他，课间多去关注他一下，问问他今天有没有对同学微笑，有没有帮助同学，有没有大度地原谅同学。"我跟王老师达成了这样一个共识，并付诸行动。

　　"继轩，今天有没有对同学微笑呢？有没有帮助同学呢？"王老师经常这样问。

　　"继轩，王老师说你今天表现很好，老师也表扬一下。"听到表扬的继轩，笑容更加灿烂了。

　　……

　　一段时间过去了，王老师惊奇地说："林老师，继轩这段时间表现特别好，跟小朋友之间也能友好相处了。因为他力气大，能帮老师做事，还发现他经常帮助小朋友做事情，经常得到表扬呢！"

一看案例，感觉这个小男孩并非完全不明事理，而是糊涂中透露一丝精明。整个事件的发生好像有点不可思议，一个一年级学生竟然能与一个四年级学生进行正面的"交锋"，而且还居然能够"气定神闲"地面对纠纷，面对老师。

不明事理

在人们固有的印象中，一个一年级学生如果与比自己大三个年级的"大"学生发生矛盾时，正常情况下，结果可能就只有两种：一是忍了算了，二是哭了叫了。可就有这么一个一年级学生，在双方发生纠纷时，表现为不依不饶，不温不火，有理有据，把一个四年级学生搞得不知所措，只能求助于老师。可单凭班主任老师的力量还不能如愿地解决，只能再进行求助。一个一年级学生的事，竟然到了连班主任老师都解决不了，这实在是一件匪夷所思的事。

可为什么会发生这样的事情，一个一年级学生为何对一件事竟然能有如此的执著，认定的事不弄清楚誓不罢休，"一条道跑到黑"呢？我们试着对这个一年级"大朋友"的教育经历进行分析，看案例中的一句话："我打人是昨天的事，昨天已经过去了，我今天又没有打人，他今天还来找我干什么？"如果这话出自一个成人之口，那完全是一种不明事理、无理取闹的表述，现在说这话的只是一个一年级的学生，难怪老师也只能"啼笑皆非"。审视下在他成长的过程中，我们给他所灌输的思想以及日常教育时的话语，通常学生闹矛盾，或是"纠结往事"，我们总是会对他说"过去的事情就让它过去吧"，希望以这样的方式，提醒学生抛开过去，以一种宽容的心态去面对，以让事情尽快平息。可现状是，这个一年级学生准备让一些事过去，而"四年级大哥哥"却不是宽容地原谅,而是找麻烦,还"警告"了他,他怎么能绕得过弯来呢?于是,在执著个性的作用下,加上有一些不明事理,上述事件就自然地发生了。清朝诗人郑燮的《竹石》诗"咬定青山不放松"一句所描写的似乎就是这样的个性。可如果不管什么事都"任尔东西南北风",那就坏了,所以关键是老师要能进行正确的引导,帮助他树立正确思想观念,发扬正面的执著精神,让他在做正确的事情时再表现出"千磨万击还坚韧"的毅力。

引导分析

一个学生执著的性格,总是让人欢喜让人忧。欢喜他的坚持原则,如果能专注于学习或做事上,那自然令人兴奋。忧虑的是在对待伙伴、同学的关系上,如果总这样太过执拗,特别是发生矛盾和纠纷时,执著的性格会阻碍他融入班集体。他不善于接受老师意见,总是与同学关系相左,难免会在同学相处中碰壁,甚至到四面楚歌的境地,若仍不肯回头,容易使自己陷入困境。案例中王老师的描述,"平时不发脾气的时候,表现还可以,发起脾气就会对同学动粗",也充分反映了继轩的这一性格特征。

老师应如何正确引导?案例中,老师在沟通时,问了这几个问题,"打同学是不对的,你知道吗","那你觉得小朋友之间应该怎样相处呢",试图从学生已有的认识出发,挖掘学生的认知,为充分引导和进一步纠正做准备。可男孩知道打同学不对,也知道同学之间的相处之道——"应该友好、微笑"。男孩的认识有点出乎老师的意料,说明他懂这个道理,就是脾气发作、个性作祟时,不能够管好自己,不能很好地克制自己。"他总是这样,做保证的时候态度诚恳,可发起脾气来,就糊里糊涂了",这充分说明男孩的知与行不能很好地统一,知道一些道理,却不知道如何落实,知道该友好,却不知友好的正确方式是什么。

我们试着想象他平时的表现，并加以分析：他看到同学们相互打闹嬉戏，快乐无比，自己也想试试，可自己不可控制的大力气却违背了他的初衷，令同学们不堪忍受，于是他就不理解了，觉得同学背叛他，就发脾气了；看到同学玩花盆，躲来藏去，非常好玩，可巨大的身躯阻碍了他的行动，不小心，花盆碎了。于是，小朋友躲着他，老师经常找他，他不理解，他很无奈。当一个人非常憋屈，无人关注的时候，孤独感会油然而起，为了引起同学、老师的注意，不小心的事、另类的事就会不断地发生。

如期关注

苏霍姆林斯基曾说："关注和爱护并不是宽恕一切和无休止的说服，真正的关注和爱护是去培养并巩固儿童的优良道德品质。"如何关注？何时关注？关注什么？怎样才能让他回到我们的期望中来呢？案例中老师的一句话可以给我们带来启示："在他发脾气之前，就经常提醒他，课间多多去关注他一下，问问他今天有没有对同学微笑，有没有帮助同学，有没有大度地原谅同学。"一是关注于他发脾气之前，他表现良好心情愉悦，心绪开放时，更容易接受老师的建议；二是指导他正确做事，提醒微笑，提示帮助，大度原谅，让他充分体会微笑是最好的交往方式，帮助是获得友谊的最佳途径，原谅是获得朋友的关键，让他懂得如何对待同学，如何与同学相处，做到知行统一。

接下来要做正确的指导，而不是简单的说服教育。提醒学生付诸行动，必须持续关注，这样才能让学生的行为得到巩固，形成一种良好的习惯。于是我们看到案例中的两位老师共同行动，一位不断提醒："继轩，今天有没有对同学微笑呢？有没有帮助同学呢？"另一位肯定表现："继轩，王老师说你今天表现很好，老师也要表扬一下。"是呀，任何一个学生的灿烂开始都来自老师的关注，来自老师发自内心的肯定，只有用真心，才能换回学生真心，换回学生真正的成长。一段时间过去了，继轩的表现和受到的表扬，也说明了这一点。相信这个一年级的"大朋友"在老师的鼓励下，在正确道路上会越走越好，他正融入班集体，感受班里和谐温暖的氛围，感受老师的温馨教导，在和煦春风中快乐成长。

用正确的指导让学生行有所循，以如期而至的关注，可以让学生的表现符合我们的期待。发展需要正确指导，成长需要如期关注，给他们一个正确的提示，就可以换回一个沐浴春风般的心情，收获一个快乐向上的学生。

艺术应对学生的学习困难

7. 持续认可
——应对学生天生缺陷

我们经常会遇到这样的学生，他们有天生的缺陷，生理方面的如口吃、视力不佳、手脚不好等，或心智方面的如记忆力极差、反应迟钝、过度幼稚等。在与同学们相处的过程中，他们的"与众不同"多多少少会招致不公平、不友善的对待。如果那样的话，接下来他们的日子会"很艰难"，不平等的相处，一次次的挫败和嘲笑，会导致他们越来越否定自己，讨厌自己。

这个时候，老师的作用就非常关键了。很多老师会用无限的耐心、爱心和善心去营造一个和谐友善的氛围，创造一个无歧视的环境，不断地启迪学生的心智，让学生不断进步，健康快乐地成长。可有的老师，却会在不经意中"淡忘"他们，或者是因为"实在无奈"而放弃他们，让他们独自坚强地去面对一切。有时，"恶劣"的环境促使这些学生在不断的艰难磨炼中，练就了出类拔萃的坚韧个性；可更多时候，他们只能默默承受，在生命之花绽放初始，就因为没有充分享受阳光和雨露而黯淡无比。

第一次批改小征的作业，着实让我大吃一惊，作业本"面目全非"，看了半天才从一堆横竖撇捺中辨认文字、找出数字，而且全都答非所问。自然，得给他进行作业辅导，我发现他说话一字一顿，似乎得用上全身之力，这时我如果轻轻地"哦"一声，他就会"啊！不是……"来否认自己前面说过的话。更令人意外的是，一个五年级的学生，简单地给一个"7+8"的口算，他念念有词算了半天后，最后掰了手指头才给出正确的答案。

为了能更多、更方便地对小征进行指导，我把他安排在了讲台旁的位置，前排的位置让我可以更多地接触小征。

课间，我跟他聊一些学习之外的事儿，试图消除学习带给他的紧张感和压迫感。慢慢地，小征对我亲近了起来，常在完成作业之余，来给我捏捏肩膀，敲敲背。渐渐地，小征的话多了起来，从他的嘴里，我了解了一些他的基本情况。他说，自己七个月的时候就急着从妈妈的肚子里跑了出来，后来不得不在医院待上三个月，这样他也是十个月才让妈妈抱在怀里。七岁那年，他爸爸又把他送到医院里待了半年，接着又在家里休息了一年。所以，他九岁才上的一年级。由于自己长得比较高，就只能坐后排了，可自己眼睛不好，有时看不清黑板写了些什么，现在好了，坐在最前面，看清楚了。

我又一次惊讶，自己对小征的了解竟然如此之少，而且接班快一个月了，怎么没有发现小征眼睛不好呢？同时暗暗庆幸自己原来做了一件正确的事。

"小征，这道题你差那么一点点就对了。"虽然只差那一点点，可他却费了整整的一个课间时间，还需要不断提醒。最后，小征还是得到"很棒"的评价。

"小征的回答，很有自己的见解。"虽然他的见解与正确答案截然相反，得到老师的正面评价后，他的那份满足感溢于言表，让人感动。

……

两个月快过去了，小征的作业本开始"改头换面"。更令人欢喜的是，小征能独立正确地完成一些作业了，也能更自信地举手回答问题了。

期中，学校准备安排一次检测，我宣布这个消息之后，忽见小征出现了些许的局促不安。难道他在乎成绩？这个念头在我脑海中一闪而过。

果然，成绩揭晓，得了38分的小征脸色苍白，惴惴不安，拼命用手盖住那个可怕的分数。一会儿，趁着大家不注意，我发现小征偷偷地拿出了一只红笔，在试卷上画了一下。课间，他就把试卷摆在桌上，用书本盖住了试卷的其他部分，很是显眼地露出了分数：88。

看来他很在乎自己，我得好好寻找，去发现他的与众不同。

一天，我发现小征的草稿本上歪歪斜斜地写了两行文字："中秋一别新，月下过中秋。"

"好句，这是你写的？"我好奇地问小征。

小征点了点头。

"再加两句，就是一首好诗了。"我不经意间的话，小征记在了心里。

几天后，小征来办公室找我，举着练习本说："老师，您看。"顺眼望去，我看到了一首工整的"五言绝句"，我高声地读："中秋一别新，月下过中秋；空必一悲伤，更日别蓝忆。"我心里知道，这应该是一首哪儿抄来的诗，可嘴上却大加赞赏："好诗，好诗！看来你还是一个诗人呢。继续努力！"

看着小征满怀欣喜地离开，我百感交集。是呀！兴趣是最好的老师，就算是"拿来的"，也得去阅读，去寻找，去思考如何拿得与众不同呀！再说，谁的创作不是先从模仿开始的呢？何不就此紧紧抓住小征这一爱好，引导他充分阅读，充分"拿来"，充分想象。

课余，我经常看到小征在伏案写些什么，一个人在擦擦写写。

班里的"展示园地"里，以前从来没有小征的作品，今天，终于公开展出了小征的一首诗。于是课间，小征又多了一件事，就是悄悄地来到园地前,来到自己的作品前,五分钟、十分钟……无限留恋,直到上课铃声响了,才依依不舍地回到自己的位置。

一天,他妈妈来接他回家,他就站在自己的作品前迟迟不走,直到他妈妈发现了他的"大作",在妈妈的赞叹声中,他蹦蹦跳跳地回家。

期末检测,他的成绩大幅度提高了,居然都上了及格线,他得知这个分数后竟然兴奋地尖叫连连。

看着他尖叫地离开,办公室里的同事感动不已。

一个智力明显迟缓的学生,从"面目全非"到"改头换面"的曲折进步过程,充分体现了老师孜孜不倦的耐心、无私的爱心和饱含大智的慧心。

充分了解,挖掘背景

当老师发现"面目全非"的作业本后,自然找到这个学生,令人惊讶的是,一个五年级的学生竟不能迅速解决一道一年级的口算。当然,必须清楚地认识到学生面对老师时特有的紧张感,很多时候老师非常不注意这一点。这表现为在给学生辅导的时候,若学生一时紧张而不合老师之意,老师就大发雷霆或贬低学生,导致师生关系越发紧张,甚至造成学生的某些心理障碍。案例中的老师也自然深谙其理,所以静静地等待,让学生慢慢地思考,虽然用上了手指,但还是让学生享受了一次在老师面前算出正确答案的机会。

接着,老师马上有了一个积极的举动,力排众议,把"高个子"小征排在了讲台桌旁,这样就便于课业的辅导,充分利用距离之便,去亲近学生,发现学生,挖掘学生。案例中,老师"找准机会跟他聊一些学习之外的事儿",为什么是学习之外的事儿?学习本身是小征的短板,总在习题上纠缠,等于给他揭短,增加他的心理负担,师生关系会在学生的不断挫败和老师不断失去耐心中慢慢疏远。聊一些学生感兴趣的话题和熟知的知识，不仅能顺利沟通，更能进一步了解他，挖掘一下不为人知的背景。果然，"小征对我亲近了起来"，还回报式地给老师"捏捏肩膀，敲敲背"。这种无限的亲近感，让小征彻底敞开心扉，"小征的话多了起来"。古人云，"亲其师，而信其道"，这对小征来说，是跨出了前进的关键一步。

对小征成长背景的了解，还是让老师又惊讶了一次。赞叹生命的坚强，为小征的成长喝彩的同时，也为自己的疏忽，竟然没发现"小征眼睛不好"而自责。幸运的是无意中做了一件正确的事，可小征不这么认为，他认定这是老师的关爱，从他的自然流露中可以充分表明，"现在好了，坐在最前面，看清楚了"，感激之情溢于言表。滴水之恩，当涌泉相报，的确，师者的点滴带给学生的却是巨大的，有时我们不经意间的伤害，会给学生带去无尽的背负；而有时，我们的一丝善意，一个微笑，一次亲密，一句关怀，会给学生带去无限的春意，无尽的欢乐。

充分认可，发现更多

认可，老师的认可是学生发展的关键因素之一，对一个有缺陷的人来说，更是一种肯定。在案例中，哪怕小征的答案是不着边际的，截然相反的，老师也照样认可，"小征，这道题你差那么一点点就对了"，"小征的回答，很有自己的见解"。认可，不仅增进了亲近感，更在所有学生面前树立了一份榜样力量，一个信任模式，一种交往范式。学生们都会认为，你看，连老师都这么重视他，我们为什么不呢？同学们态度的转变，同学们的接纳和认可，会让小征的心情更加愉悦，心态更加放松，对老师更加信赖，进步就自然发生了。作业本"改头换面"了，独立完成作业了，自信举手，一系列的变化也说明认可的力量。

接下来，小征的行径让老师有点意外。他把38分偷偷改成88分，老师躲回暗处，以不变应万变，继续以"认可"的心态，坦然面对，充分理解学生,创造让学生自我发现的机会,营造了一个无限的展望空间。小征改分数,这种"自欺欺人"的行为需要认可吗?当然不,这里的认可是培养学生的一种自我认可,把学生从迷失在别人的态度和标准之中的状态里拉出来。学生为什么这样?只因为他有强烈的自尊,他也想上进,也曾努力,可自己的能力不够,没有办法像其他同学那样"轻轻松松"学习,"快快乐乐"成功,接受老师、同学们的赞扬。于是,他不得不想个法子来提高自己的分数。弗洛伊德的"人格三我"理论认为,"本我"是盲目的,他会这样认为,考试不理想,就期待考试时有人帮助一下,考后不理想,改一个"高分",自己的成绩就上去了,同学们看见就不"嘲笑"了,家长就满意了,这些都是"潜意识"的行为。这充分揭示了一点,小征非常在乎成绩,更在乎别人的评价。

当一个人不在乎自己时,他就处在危险的边缘。而一个在乎自己的人,上进潜能是巨大的,关键是如何挖掘,如何不断地去发现,为学生挖掘一个喷发能量的出口。

终于,功夫不负有心人,老师发现小征会"写诗"。

自我认可,体验成功

任何人在发现自己之前,都需要别人的"点化",需要有人"发现"他。作为学生,老师的发现,特别是优点或亮点的发现,具有无限的能量挖掘作用,能够激励学生产生积极向上的力量。案例中,老师发现了小征会"写诗",当老师说"好句,这是你写的",他默认了。当然这诗肯定不是小征原创,案例中的老师很清楚这一点,平时很难获得表扬,任何学生都不会让机会溜走的,尤其是小征。可就算不是学生原创,能把句子进行摘录,也说明学生喜欢诗,喜欢就是一种力量,一种内在的力量。所以,当老师发现学生的某种特质或内在的潜力后,无论如何都不能使这种内在的力量消失,缺少这种力量,教育上的任何巧妙措施都是无济于事的。

　　老师"不经意"地说了一句对学生来说却是至关重要的话："再加两句就是一首好诗了。"可以想象，学生为了完成老师的愿望，证明自己的能力，他肯定会加倍努力地去"完成"后面两句，即使现在自己没有这个能力，也会"创造条件"去证明自己。学生完成了那首"五言绝句"，为了能再次得到老师的肯定，他迫不及待地来办公室高高地举着那首诗，老师很"配合"地高声朗诵，大加赞赏。这些夸张的举动，极大地满足了学生的"虚荣心"，也激励这个学生忘我地投入到诗歌"创造"中去。

　　苏霍姆林斯基说，成功的欢乐是一种巨大的情绪力量。"课余，我经常看到小征在伏案写些什么，一个人在擦擦写写"充分地说明了这一点。当一个人怀着浓厚的兴趣，极大的热情投入到某一件事时，自然会"精诚所至，金石为开"。终于，小征的"诗作"获得展览的机会，他久久地徘徊在自己的作品前"孤芳自赏"，并用"拖延"战术让妈妈也发现自己的"大作"。写诗，让他发现了自己，找到了兴趣点。写诗的兴趣，也激发了他参与学习的乐趣，使他享受到读书的愉悦感，从而更加努力学习。

　　认可，是最好的赞美。学生获得认可，也就等于找到兴趣点，内心的愉悦感会促使他不断地投入努力，去争取获得更大、更多的认可。持续的认可，更能激励学生在发现自我中体验成功，从而发自内心地为了自己，为了一个愿望去努力奋斗。

8. 因材施能
——应对学生能力差异

有些学习不出众的学生，在参加劳动、参与活动时表现出了极大的热情，散发出巨大的能量。而一些学业成绩"出类拔萃"的学生，在这个时候却往往表现消极，甚至很被动。千万不要感叹，或由此下一些定论。这种现象很正常，人的精力毕竟是有限的，学业成绩出色的孩子把更多的时间和心思投入学习中，慢慢地忽略了其他技能的锻炼，能力的不足也使得他们在学习之外的一些活动中渐落下风，就像学习能力不足的学生在成绩上表现一般一样。就成长经历而言，更是如此。父母的要求，老师的需求，都导致他们在这两方面的巨大差异。

人本主义和积极心理学把这一种现象归纳为成长性动机和发展能力的内在不同所带来的成长差异，也就是所谓"掌握动机"不同，结果就不同。对老师来说，应释放学生的能量，因材施能，根据学生的能力差异，赋予不同职责，并充分相信他们。"百花齐放，百家争鸣"，发挥那些专能学生的作用，让他们找到证明自己的机会，立下志向，去实现自己的愿望，找回属于自己的那份幸福。

班里开展了"我为班集体做点事"活动，大家踊跃参与并兴致勃勃地申请了自己喜欢的职位，唯独一个职位无人问津，那就是"安全委员"。这个职位主要是管理钥匙，负责每天给教室开门、关闭电器、关窗、锁门等。上个学期，"安全委员"工作没有一位同学能坚持半个月以上，原因要么是钥匙丢了，要么忘记关窗、锁门了。我询问再三，还是无人应答。正当我烦恼的时候，远处，我似乎看到了一只似举非举的手，哦，那不是小坤吗？

"小坤，是你在举手吗？"我有点不相信自己的眼睛，所有学生的目光一下子刷地集中到小坤的身上，大家似乎也都不相信，这个上学期班级里唯一没有申请职位的学生，今天举手了。

"是的，"小坤斩钉截铁地说，"我也想为班里做点事，就当'安全委员'，我觉得这件事情，我能做好。"

"好，勇气可嘉，大家鼓掌！"我如释重负地带头鼓掌，可班里却只响起了稀稀落落的掌声。

课后，我找到小坤，把班里的钥匙郑重其事地交给了他，对他说："这可是谁都做不好的工作，如果你没有做好，老师也不会怪你，相信同学们也不会怪你，你放心地去做吧！"

我听到小坤又重复了那句话："这件事情，我能做好。"

我微笑地冲小坤点了点头，这是一个长期而又艰苦的工作，早起、晚归，不是每一个孩子都能坚持的。试试吧，让他也锻炼一下，实现他也为班级做点事的愿望，哪怕能坚持一天也好。

一天过去了，值日班长反映，"安全委员"的工作完成得很好。

又一天过去了，"安全委员"的工作依然出色，我让值日班长表扬一下小坤。

三天、四天……一周过去了，小坤的工作让我惊叹不已。班里评选"上周之星"，我表扬了他，大家一致推选小坤为"劳动之星"，并把热烈的掌声送给了小坤，他竟然害羞地低下了头。

不知不觉，一个多月过去了，小坤仍然是班里的"安全委员"。

一个早上，我看见小坤脸色不大好，正想问原因，跟在后面的小坤的爸爸无比心疼地说："老师您看，这孩子，感冒了带他去医院，非要先来开门不可，拦都拦不住。"看着小坤笑笑离开，我竟然一句话都说不上来。

又一个中午，我去教室拿教科书，发现教室的门没有关。唉，小坤坚持不下去了。可推开门一看，发现里面坐着两位学生，一位是前两天请假的小琪在做作业，一位是小坤，也在伏案写着什么。

"哎，你们两个人中午怎么没有到宿舍休息呢？"我不解地问。

"我想把这两天落下的作业补起来，下午就交给老师。"小琪解释。

"那小坤呢？"我还是不解。

"他说等我作业做完了锁门，我说我可以锁，可他就是不放心。"小琪拼命解释。

"哦，是吗？那你在写什么呢？"我转向小坤，语气中充满了关切。

"我就算算上午那一道没有算出来的数学题。"小坤似乎有点不好意思地说。

"你真努力，小坤，老师要表扬你，而且更值得表扬的就是，想不到你这么负责任，把班里的安全工作做得这么出色。"我由衷地赞叹。

我听到了，小坤轻轻地又重复了那句话："这件事情，我能做好。"这时，我相信了，也感动了，我用眼睛盯着小坤说："小坤，老师相信你！"

小坤似乎也一直在等我这句话，第一次看到小坤笑得那么的开心，不知道为何一股感动涌上了我的心头，我擦了擦眼睛，竟然擦出了泪水。

一个"上学期唯一没有职位"的学生申请最"艰苦"的职务——安全委员，并兢兢业业、诚诚恳恳地坚持，获得老师和同学的认可后，迸发出无限能量，愈发努力，甚至排除万难，最后连老师都被感动。整个过程，经历了《周易·系辞下》里面"穷则变，变则通，通则久"的三个阶段。

"穷则变"——我也为班级做点事

人尽其用，因材施能，应该是我们进行班级的有效管理，培养学生能力的一个重要途径。在班级管理中，人才的培养不仅局限于绩优者，应更多地鼓励所有学生参与，给每一个学生都提供锻炼、提高的平台。

"我为班集体做点事"的活动，就是激励学生参与管理，是学生发现自我、展现能力的一个良好渠道，更是体现学生主人翁精神的最佳方式。我能为班集体做点什么？"每一个人都申请一个职位"，每人都有职位，自然是"人人有事做，事事有人做"，体现了现代教育的班级管理理念。可是还是出现了"唯独一个职位无人问津"的现象，为什么？因为那是"安全委员工作"，得"每天开门、关窗、锁门等"，非常繁琐，而且吃力不讨好，所以在上个学期，没人能坚持半个月以上。这也揭示了一个无奈的现实，一个与社会的潮流看齐的现象：做事要轻松愉快的，职务要显赫权贵的。学生显然也如此。

可事情总有例外，每当"危难"的时候，总有"英雄"挺身而出。"远处，我似乎看到了一只似举非举的手"，救场的人终于出现，是老师意料之外的人选，上个学期唯一没有职位的学生小坤。老师怀疑，同学们也投去了疑惑的目光，可小坤却斩钉截铁，似乎下定了为班里做点事的决心，并表示"这件事情，我能做好。"这是怎样的一种心理？可以用"穷则变"来解释。上学期唯一没有担任职位，是老师的照顾，是同学们的不信任，还是自己的胆怯？这对学生来说意味着什么？当然是没有掌声的生活，也不会有获得认可的机会。这感觉不好受，长期压抑在心中的那份冲动终得释放，"不鸣则已，一鸣惊人"，承担所有人都做不好的职务，给自己一个机会，一个证明自己的机会。"好，勇气可嘉，大家鼓掌！"老师的掌声，却唤不起同学们的共鸣，"可班里只响起了稀稀落落的掌声"。此时老师的掌声和同学们的不信任之间巨大的反差，反而更能激起他执著地前行。因为，他已经作出了这个决定，一个不容置疑的决定。

"变则通"——当选班级里"劳动之星"

有理由相信，小坤的这个决定酝酿很久，一直以来他也想为班集体做点事，做一些贡献，获得些许掌声。可用什么来证明自己？当然不可能是学习，起码暂时不是，而自己必须要干能做到的，付出努力马上有成效的事情。什么事情？申请班里无人问津的"安全委员"，为教室锁门关窗，开关电器等。因为很繁琐，所以没有其他同学愿意干，没有同学能坚持，老师也说了"这是谁也没有做好的工作"。如果自己能做好，也就能得到表扬，这估计是小坤最初的想法，最原始的想法。如果有人竞争，也许机会就轮不到自己，抓住恰当的时机出手，显示其机敏的一面，更显示他坚定为班集体做事的决心。

可老师不知是激他还是安慰他，对他说做不好也没关系，于是小坤回应："这件事情，我能做好。"估计小坤不仅仅是回答老师的一句话，更是一个保证，对老师"善意"的一种回应，既然已经做了保证，那么就应该好好地干下去，免得被同学笑话，愧对老师的信任。就是这种最朴实的想法，支撑着他的意念。接下来，小坤的表现充分地说明了一点，他的这次决定绝不是随口一说。"三天、四天……一周过去了，小坤的工作让我惊叹不已"，惊喜呀！老师迫不及待地进行表扬，关键时候，在上周之星的评选中为他拉票，这风向标式的暗示，加上同学们对他工作的肯定，小坤的努力获得了回报，被同学们一致推选为"劳动之星"，并获得了热烈的掌声。对一个长久没有获得同学认可的学生，如此掌声意味着什么？他的心中肯定会有"忽如一夜春风来，千树万树梨花开"般的美妙。此时的小坤，必定暗暗庆幸自己当初的那个决定，这"不平凡"的奖励，也激励他继续前行。"变则通"，努力就会有回报，相信小坤深有感悟。

"通则久"——持之以恒感动老师

美国心理学家罗森塔尔认为，赞美、信任和期待具有一种能量，能改变人的行为。这次表彰，既是肯定，是赞美，更是期待。在接下来的日子里，一幕幕感动人心的场景如期而至，首先是小坤感冒了，却"非要先来开门不可，拦都拦不住"。任何人都会被小坤的这种执著感动，可小坤的态度呢？仅仅是为了表现吗？不是的，"笑笑离开"，这种憨厚的笑容，纯真的表情，表达的是一种不计回报的付出，显示了学生的真心，他在全心全意地为班里做事。一种触动全身的感动牵动着老师的神经，伴随而起的那份自责感，他"竟然一句话都说不上来"，自己为什么没早点发现他，长久以来让他如此孤独？老师颠覆性的认识，也预示着学生幸福时刻的到来。的确，学生的幸福感，很大程度来自老师的意愿。

　　大事感人心，小事见人心。人在很多时候，能够做出一些轰轰烈烈的事，可有时却不能坚持干日常琐事，只有日久才能见人心。而学生小坤却能兼顾，"又一个中午，教室的门没有关"，老师的直觉就是"唉，坚持不下去了"。人的直觉经常会出错误，所以说眼见为实，可有时候亲眼所见都不一定是真的，只有相信，才是真正的力量。相信吗？当然。小坤因为需要锁门，毫无怨言地去等一个利用午休补作业的学生。这样的精神，终于彻底打动老师，对那一句"这件事情，我能做好"终于深信不疑，原以为小坤只是随便说说，没想到他竟然能如此坚持，也终于有了"老师相信你"的回应，有了老师"在眼睛里擦出泪水"的感动。"通则久"，找到成功途径，获得信心的小坤，我们有理由相信他会坚持不懈地走下去，继续、持续地走向成功。

　　由此可见，任何一个学生都不可忽视，任何一个有志向的学生，都值得尊重。可谓"立志在坚不欲说，成功在久不在速"，志气，不是一时之事，而是一个人持之以恒，乃至一生的追求。

9. 学会重复
——应对学生注意分散

课堂上注意力分散的学生并不鲜见，有年龄不同、个体差异的原因，当然也有课堂教学不能吸引学生的原因。就个体而言，遗传基因、生理特质、病理原因、成长环境甚至饮食习惯等都是影响学生注意力的因素。有一句话形象地说："注意力决定孩子做事的能力。"苏联教育家马申斯基也曾说过："注意是一座门，凡是外界进入心灵的东西都要通过它。"所以说，注意力是智力活动的警卫，也是智力活动的组织者和维护者。只有具备良好的注意力，一个人才会更加出色。法国生物学家乔治·居维叶说："天才首先是注意力。"

现在，就有一个注意力非常不集中的学生在你的前面。课堂上，他"心不使焉，黑白在前目不见，雷鼓在侧耳不闻"。怎么办？刚开始，老师会提醒督促，同桌会给予帮助……一切可使用的招数悉数上阵。渐渐地，学生"涛声依旧"，所有高招纷纷"败下阵来"，当老师发现所有"落花有意"的努力遭遇"流水无情"时，会首先泄气，责怪学生的"顽固不化"，感叹自己的"江郎才尽"，之后会无奈放弃。在这个过程中，老师的"竭尽所能"和学生的"无动于衷"形成了激烈的对立，渐渐也成了一种不可调节的"矛盾"。慢慢地，学生的行为更加不可控制，对学习愈发不感兴趣，与老师的关系也渐行渐远，产生了一系列的问题。

插班生小夏，课堂上从不发言，只会在"自得其乐"中度过，自己玩自己的，绝不影响别人，别人也绝影响不了他。若走到他身边轻轻喊一声"小夏"，他会因为"毫无防备"而被吓一大跳。课堂上不断提醒他成了每个课任老师的"额外"任务，可是效果并不明显。一时间，我一筹莫展。

　　一天早自习，一位学生拿着一本书给我，是班里书架上的书，书上有很多页上被涂鸦。翻开23页上面写着"看43页"，43页上写着"看79页"，79页上又写着"看最后一页"，最后一页写着"看88页"……循着找下去，发现了一行字"狗狗真乖"。

　　一股莫名的怒火涌了上来，"谁写的？""小夏写的。"不知是谁冒出了一句，一个学生拿了他的作业本上来，"老师你看，字迹很像。"的确很像，我很恼火："破坏了图书，解释一下，为什么这样做？""不是我写的，我没写。"小夏流泪了。

　　"破坏了图书，这种行为很可耻。"

　　"小夏得受到批评。"

　　……

　　学生们纷纷对这种行为表示了指责，大有"声讨"小夏之意。

　　"不是我。"小夏还在解释，不过在"众矢之的"中，解释显得那么的苍白无力。

　　"老师这里还有一本呢！"

　　这两本书里的笔迹完全不同，看来这事绝非偶然。我问："哪儿学的？"

　　"老师，是图书室里学的，有一本书上就这样。"一个学生回答了我的问题。

　　"是谁做的，自己主动承认吧！等一下查出来就不好了。"

　　这时，陆续站起了两个人，小吕和小杨，刚才第一本是小吕写的，对，是小吕的笔迹。

　　"小夏，老师错怪了你，老师向你道歉。"我当着所有学生的面给小夏道歉，为小夏找回自己的尊严。

　　"老师刚才冤枉了小夏，为了弥补损失，老师决定给小夏奖励。"

　　"老师，你冤枉我一下吧！"

"老师，你也冤枉我一下吧！"

……

班里叫唤声此起彼伏。这事还能有第二次？我开始暗暗庆幸自己的冷静。小吕和小杨两位同学用修改带修补了涂鸦，表达了歉意。

小夏呢？那节课，特别认真。下课后在走廊里，小夏对我笑了一下，我马上给他一个真心的微笑。就这样，我们开始了微笑的交流。

取得小夏难得的信任后，我开始尝试就上课做小动作的问题与小夏谈话，我告诉他，在谈话中，可以用点头或摇头来表达自己的意见。

"上课时，你知道自己一直在做小动作吗？"

半晌，小夏才点了点头。

"你知道你这样做，会影响你的学习吗？"

小夏又点了点头。

"你也想上课不做小动作，对吗？"

小夏用力地点了点头。

"只不过，你做不到，对吗？"我看到了小夏眼中的无奈。

"老师有一个方法，你可以试试，而且还能帮助你提高学习成绩呢！"

小夏抬头看了我一眼，马上又低下了头。

"老师的方法是，上课的时候，你在心里重复老师和同学说过的话。比如，我说'81除以9等于多少'，你就在心里重复这句话，你试试。"

小夏尝试了一下，看了我一眼，我知道他做到了。

"你看，简单吧？我只要求你上课这样做10分钟。上课时，你注意看我有没有对你微笑点头，如果有，就说明你已经做到了。如果竖大拇指，就说明你做得很出色。你看好不好？"

我听到小夏轻轻地说了"好"，谈话结束的时候，小夏笑了一下。

微笑、点头、竖大拇指，3分钟、5分钟、10分钟……小夏坚持的时间越来越长。

一周后，其他的课任老师反映小夏上课认真了许多。

表扬小夏的时候，小夏笑得很开心。我说："相信你会做得更好，是吗？"小夏回答两个字"是的"。

老师通过各种方式希望能吸引小夏的注意，可均告失败，一次"偶然"的幽默应对，在取得小夏的信任后，一次有效的沟通达成了他重复老师课堂语言的协议，很好地对学生的注意力进行了训练，取得了良好的效果。

一句真诚道歉的魅力

任何人受到质疑的刺激后，都会有所反弹。在课堂上从不发言，只会"自得其乐"的小夏遭到了同学的怀疑，被认为是破坏了图书的人，于是他不得已为自己辩解。在老师看来，这是一句"久旱逢甘霖"的语言，之前在课堂上"一言不发"，学生不说话，任何交流都成空。终于小夏开口了，在强烈的"刺激"下，他终于作出反应。当自己被怀疑时，每个学生都有为自己辩解的需要，学生的情绪会有一种表达，只是方式不同而已。在大家强大的攻击下，小夏的解释显得苍白无力，可是他在为自己辩解，老师的心中肯定颤抖了一下，是他吗？他会吗？老师心里的质疑，让这件事得到深入调查，而不是仅仅停留在一句捕风捉影的话上，也为小夏赢得了自证清白的机会。

很赞同这么一句话："教育，总有一种方式能抵触学生的心灵。"老师有两次犹豫，这两次犹豫不仅让自己在处理学生的事件中保持冷静，也为学生提供了一次全面反思的空间，老师若一厢情愿地认为破坏图书的就是小夏，那两个真正破坏者就会浑水摸鱼，糊弄过去，使得教育陷入被动。学生发现"还有一本"为这件事的解决提供了转机，最终发现这件事并非小夏所为。庆幸中的老师马上做一件事：道歉。对一个从来都是被质疑、被忽视的学生来说，这是难以想象的，被尊重的感觉令小夏对老师产生了前所未有的亲近，老师智慧、幽默的道歉，缓和了气氛，淡化了矛盾，误会冰释，师生之间紧张关系的安全阀门一下就打开了，"我们开始了微笑的交流"。的确，懂得尊重学生的教育者更有人性，给学生的感觉更可依赖，更具安全感。

一个至关重要的协议

  诺贝尔奖获得者约瑟夫曾说："信任是友谊的重要空气，这种空气减少多少，友谊也会相应消失多少。"一个能和他微笑的老师，就是一个可以依赖的老师。信赖，代表可以进行沟通，在沟通中达成"协议"，去获得学生发自内心的意愿，改变学生上课总是"自得其乐"的习惯。因为任何一个非学生意愿的、来自老师单向的方式，是无论如何都不能激起学生内心自愿的。由于小夏从不发言，在谈话时，老师用了一个谈话技巧，"可用点头或摇头来表达意见"，示意学生使用肢体语言。心理学家研究表明，肢体语言是最真实的表露，通过肢体语言更能准确地读懂一个人的意图，而且对于一个不善言语的学生来说，点头或摇头是最好的表达方式。

  好了，交流方式解决了。那么以怎样的方式与他达成"协议"呢？这里有一个非常巧妙的谈话过程。从心理咨询的角度分析，前三句老师分别用了探询、面质和共情技术——"上课时，你知道自己一直在做小动作吗？""你知道你这样做，会影响你的学习吗？""你也想上课不做小动作，对吗？"换回了学生越来越强烈的共鸣——"半晌，……才点头"，"又点头"，"用力点头"。接下来，老师使用了情感反应技术，"只不过，你做不到，对吗？"老师读懂了小夏"眼中的无奈"，虽然这勾起了他的痛苦，但也激起了他努力去改变的想法。对于老师的方法，小夏是既兴奋又怀疑，兴奋的是竟然有方法让我集中注意，怀疑的是自己的能力不足，达不到要求，所以才有了"抬头看了我一眼，马上又低下了头"的表现。可老师的方法很简单,学生感觉不难,老师只要求上课做10分钟,做到了还会鼓励。真好!这是学生的真实感觉,所以在谈话结束的时候,学生又笑了一下。这一笑虽然不及"回眸一笑百媚生,六宫粉黛无颜色"的魅力,可对于一个长久"冰冻"自己的学生来说,这一笑意义非凡,代表他能接受老师的建议,而且愿意去尝试。这也表明小夏已经向成功迈出了一大步,接下来就是如何落实到行动上,如何发展巩固,去实现目标。

一种形成专注的方式

到底是什么方法,让学生轻松接受并达成了一个至关重要的"协议"呢?答案是:重复课堂语言。为什么是这个?因为,对于一个注意力极容易分散,而且自我控制能力极差的学生来说,要求专注是很困难的一件事,而模仿却相对容易。许多老师在指导学生认真听课的时候,极少会强调通过让学生简单地重复老师的课堂语言来训练他们的注意力。一般都是课堂上坐端正、认真听讲等。殊不知,诸如此类的嘱咐语,学生习惯了就自然了,像耳边风一样吹了过去。再说一个课堂上难以自控的学生,实在做不到这些看似简单的规范。

重复老师的课堂语言,看似简单,其实做多了也很枯燥,更难以坚持。老师设置了一个从简到难的过程,协议是10分钟,可在实际操作层面上,并没有僵化,而是灵活地实行一个时间上的递进:3分钟、5分钟到10分钟,这符合学生能力发展的规律。老师还建立了反馈机制,做得好就给予"点头"和"竖大拇指"奖励,这是一个不可忽视的保障,任何努力若没有表彰和激励,都将流于形式。渐渐地,小夏的坚持换来了"课任老师表扬小夏上课认真"的肯定,换来了老师的表扬,也换来了学生生命成长的回答"是的"。简单的两个字,是一个对自己满怀信心的愉悦表达,显示了一个曲折、艰难的"破茧成蝶"的过程。

注意力的训练和培养,是一个长期的过程,简单的提醒、督促或者责怪,只会让学生陷入更加不知所措的境地。应当交给学生一个做得到的方法,由易到难,让他们发自内心地,慢慢地去完成,去得到赞扬,得到润泽生命的营养。

10. 赋予职责
——应对学生作业拖拉

学生拖欠作业，并不鲜见，可为什么有这样拖拖拉拉的现象发生？原因不外乎这样几个：一是知识没掌握，无法完成；二是作业习惯差，玩忘记了；三是作业无趣，松了一下；四是学习疲惫，学生累了。简单形象地概括就是不会做、忘记做、不想做和做不了。对于没有完成作业的学生来说，"不会做"是最主要的原因，不会做拖拉就会出现，因为拖欠的作业的越积越多，干脆不做现象就会出现。

如何应对学生的作业拖拉呢？相信老师们自有高招，可不管哪种方法，如果只是强加于学生的外在力量，都只是一个暂时的手段而已。学生隐藏在内心深处的抗拒力量，往往会因为过度积压，而变得更加难以控制，使其很难以平和的心态进入学习，而被压抑的抗拒力量一旦释放，就会表现为更加厌学，甚至逃学。所以，只有点燃学生发自内心的兴趣，使其积极主动地投入学习，自然解决学生作业拖拉的问题，如此才能最终实现学生的长久进步。

小俊做作业很拖拉，由于总是不能及时完成作业，我得经常让他到办公室来补做。说来奇怪，一到办公室，他问一两个问题后，就能很快完成，和在教室的表现截然相反。

课堂上，经常会发现他游离的眼神飘忽不定。做作业时心不在焉的样子，看了让人担心，有时同学们的作业快完成了，他还拿着笔在发呆。

每次碰到小俊爸爸，他都是那句标志语"及格就好，及格就好"和满不在乎的表情，像极了小俊在课堂上的神情，他总是回避深入交流小俊的学习问题，让我很是无奈。而小俊的妈妈，态度却截然不同，一再说：“老师，我们没有做好，你得帮忙看着点。”双方对小俊的教育态度，一个毫不在意，一个惭愧不安，如此南辕北辙，实属罕见。后来，从小俊妈妈责怪的言语中，我慢慢地了解到，小俊是因为两人分开后才出现这种状况的。

难怪小俊会有如此表现。

接下来，每次作业开始，我都会来到小俊旁站一会儿，直到他差不多完成。经过不懈的督促和表扬，小俊表现好了一些，跟我亲近了些。可我不监督，他就会故态复萌，同桌、班干部对他的监督都毫无效果。怎么办？我很无奈，不能总这样，我得另辟蹊径。

一次口算练习，发现许多学生已经做完一页而小俊却只写了两三题时，我非常恼火，批评并不可取，那样辛辛苦苦建立的信任关系会瞬间瓦解，可又不能放任不理。怎么办？何不"借"给他一个表扬？我微笑着说："嗯，小俊今天不错，做得很好。"小俊同桌露出了惊讶的神情，小俊更是一脸不自然。我顿了顿，注视着他说："不过，今天这个表扬是'借'给你的，希望你能还给我。"听了我的话，小俊脸上由阴转晴，开始拼命埋头认真做题。我接着问道："你什么时候能把表扬还给我？""很快，很快！"小俊使劲儿地点头回答。

大约半小时后，小俊拿来了他的一页口算，正确率达80%。这是一次难得的沟通机会，于是我们开始了一次对话。

"你能独立完成作业，而且能做得好，对吗？"我问。

小俊把头垂得低低的，轻声回答："是。"

"你要求过自己必须及时完成课堂作业吗？好像没有，对吧？"

小俊若有所思地回答："是。"

"不过，你能做到，对吗？"

"对。"小俊还是轻声回答。

"老师还有一个提议，不知你有没有兴趣。"

小俊抬起了头。

"老师想让你担任组长，专门负责收发作业本，你看怎么样？"

"啊，好，好！"小俊似乎很兴奋。

"不过老师可要说清楚，身为组长，你必须要先及时完成好自己的作业，才能及时地收好组里的作业本，对吗？"

"对，对！"小俊还在兴奋之中。

"你能重复一下组长的职责吗？"我问。

"先及时完成好自己的作业，再及时收好组里的作业本。"小俊回答。

"那先试用一周，好吗？"

"好，好！"小俊连连点头。

我在班里公开征求意见，得到了大部分同学的同意，由于还有部分同学怀疑，小俊向大家做了保证。

一周，两周，一个月，两个月……小俊一直是组长。

常规方法，收效甚微

遇到作业拖拉的学生，大多老师会跟案例中刚开始提及的方法一样，查漏补缺，单独辅导，老师这种"软磨硬泡"的方式，不仅累坏了自己，也使学生在思想上产生了一种可怕的依赖，反正老师会给我进行辅导，现在不会没关系，于是学生上课心不在焉，做作业拖拖拉拉的现象自然得不到改善。案例中小俊一到办公室就能很快完成，和在教室的表现截然相反，也说明了就是这么一个问题。有的老师可能"漏一罚十"，期待通过惩戒给予警示，避免类似的现象发生。可这种做法难免令学生产生厌烦，进而讨厌老师，害怕学习，以致产生厌学情绪。

了解小俊课堂上"眼神游离"和做作业"心不在焉"的原因后，老师开始改变策略，"经过不懈的督促和表扬，小俊好了一些，跟我也亲近了些"，这是一个可喜的变化，说明督促和表扬有了一些成效。可老师不可能只把心思放在一个学生身上，必须面向全体，兼顾大家。所以，除自己的及时关注外，老师充分发动并利用了学生的力量，同桌、班干部都开始参与到对小俊的监督工作中来。可当老师不在时，学生的监督收效甚微。这样的结果，让老师感到很无奈，本期待小俊能够"天涯几见新霜露"，可结果是"怎得朱颜旧如故"。这个现象揭露了一个现实，常规的教育和监督方法很难让小俊走向更好。虽然说习惯培养是一个反复上升的过程，但也充分说明，若不能激发学生的学习兴趣，激发他们内在的动力，任何外在的监督都只是一时的措施而已。陶行知先生说："必使学生得学之乐，而耐学之苦，才是正轨。若一任学生趋乐避苦，这是哄骗小孩子的糖果子，绝不是造就人才的教育。"那么，该如何去选择一个长效的，能让小俊"得学之乐"的方法呢？

借个表扬，收获惊喜

表扬可以"借"吗？看了这个案例，不禁拍案叫绝，一个连口算练习都不能集中注意力来完成的学生，却得到了老师的"表扬"，同桌非常诧异，差点就失声大叫了。可为什么要"借"这个表扬，案例中的老师看到这么一幕的时候，第一反应并非是表扬，而是"非常恼火"。恼火，是很正常的一个情绪表露，不可能有学生没有认真完成作业，老师还心里高兴的。可怎么办？老师心里经历了一番斗争，陷入了左右为难的境地，批评不可取，更不能"放任不理"。一个激灵，产生了一个念头，"何不'借'给他一个表扬"？于是，就发生了上述一幕。这是一个异常的结果，老师一时来了"兴致"，做出让学生摸不着头脑的事，这是一种反常规的教育方法。

一个"借"出去的表扬，是否有效？效果如何？我们细数之，说真的，"还"回来的还挺多。首先是老师幽默的教育艺术，让师生的和谐关系得到了递进，维护了小俊的自尊心，维护了"人的心灵里最敏感的角落",让他体验到做人的尊严,享受到被人尊重的生命快乐;其次是小俊对老师的感恩之情油然而起,崇敬之意油然而生,用最好的表现来回报老师,"脸上由阴转晴,开始拼命埋头认真做题,半个小时后拿来了一页正确率达80%的口算";再者就是师生就此开始了一次前所未有的促膝交谈,这是人与人之间心灵的对话,完整人格的交流,最终达成让小俊担任组长的协议,为小俊的学习进步开启了序幕,使他由此开始了质的变化。

"借"表扬,看似一时兴起的教育,实质是一次"心理换位",设身处地从学生现实状态去思考、理解和处理,深刻体察学生潜在的行为动因。一个不能很好"自我约束"的学生,虽以"监督"方式进行了一些"训练",可"冰冻三尺,非一日之寒",马上见效的教育只是一厢情愿,如何不以老师自己的心态简单地看待问题,去对待学生?一个"借"字,千金之重,爱生之情溢于言表。

赋予职责,收获责任

不可忽视,很多学生都有担任班干部的想法和冲动,只是老师没有把机会给予他们罢了。小俊亦如此,听说能担任小组长,非常兴奋,异常珍惜。组长是班里最小的班干部,为什么却能引起小俊如此的兴趣?纵观小俊的整个成长史,不难发现,一个连作业都不能及时完成的学生,怎么可能有机会"染指"班干部呢?没有给予机会,不代表小俊心里没有想法,可能他还幻想着自己某一天当上班长、学习委员呢。好了,现在组长的职务就在眼前,任何条件小俊都会答应,何况只是让自己能做到"先完成自己的作业,再收好组里的作业本"呢?当然,值得一提的就是,若让小俊担任组长,那前任组长如何同意退位让贤?这岂不是树立一个,抹杀另一个?案例没有交代,可我们相信老师的智慧,组长可以一个,当然可以两个,语文组长、劳动组长等,可以多多益善。

可老师不放心，提出"试用一周"以及"征求同学意见"两个条件。唉，真是好事多磨呀！小俊平时的表现，不足以让大家信任，"部分同学怀疑"，于是"小俊向大家做了保证"。注意这个保证是在全部同学面前做的，有勇气做到这一点的学生需要下多大的决心？这足以说明小俊对当组长的渴望。当一个人被赋予信任和职责后，责任意识就会被激发，不可否认，任何一个人都有无限的潜力。梁启超曾说："凡是我受过他好处的人，我对于他便有了责任。"小俊也是如此，他积极地回应老师、同学的信任，同时也非常珍惜这一次证明自己、崭露头角的机会。当组长是他实现理想的开始，那么继续当好组长就是他今后的一个目标，是他努力完成作业的动力所在。这也应验了狄更斯的名言："人若能尽自己的责任，就可以感觉到好像吃梨喝蜜似的快乐。"有了兴趣，一切问题都会迎刃而解。小俊只是因为缺乏目标，而失去学习的兴趣，而今有了进步的理由，有了成长的方向，他自然会踌躇满志，动力十足，所以，老师欣喜地看到小俊一周、两周，甚至一个月，一直继担任组长。

　　的确，小俊正在成长着，也许他前进的道路上充满了曲折。可喜的是，在他成长的道路上，我们见证了他迈开的步子，听到了他心花怒放的声音，闻到了他一路上留下的芬芳。

11. 点亮明灯
——应对学生迷途难进

有些学生，从小开始，由于父母忙碌或者分开而疏远他们，在成长发育关键期无法享受父母在思想认识及价值观念上的引导和帮助，缺少父母的关注和呵护，长时间得不到温暖，愁苦之心不能及时得到慰藉，情感上的缺失所形成的精神空虚和无所寄托，极易导致认识、价值上的偏离和个性、心理发展的异常，慢慢地会演变成一种叛逆、情绪对立的性格。现在许多留守儿童所表现出的令人担忧的一面，也大多如此。

这些学生非常敏感，在与人相处时，老师、同学些许不耐烦和不友好动作，都会让他们滋生怀疑和敌视的心态，习惯性地抗拒他人特别是成人的好意，表现为不听话，难沟通。越来越多的"积郁"得不到及时的开解，会导致越来越糟糕的心情的累积，慢慢形成"孤僻、偏激、敌意"，而又渴望理解、期待友情的双重性格。若有同龄人不断地向他伸出友好之手，那么，他们很快会被友情"捕获"，但这种"友情"非常脆弱，稍不如意，就会瞬间瓦解。当然，他们在学习方面的表现也自然极其糟糕，迷途难进。

插班生小雅上课总是这样，涂涂画画，累了就站起来折纸、玩小玩具，一点也不懂得遵守课堂常规，也全然不顾老师的提醒。下课找她谈话，她只会哭："我不要在这读书，我要回家。"然后一哭老半天，怎么劝说都停不了，很棘手。

我迫切走近她，试图改变这种糟糕的状况。可不管用什么办法，都不能很好地与她进行沟通，在征求她母亲的同意后，我答应她，若能把自己心中想法告诉我，就答应让她回家一次。从她的口中我断断续续了解到，她从小就寄宿，从托儿所、幼儿园到小学，她不想，于是就哭，可爸妈、老师都不理她。无奈之下，她只能在课上不理老师，这结果让我很是震撼。长时间缺少关怀导致的情感缺失，造成孩子对周围事物的冷漠，对学校生活的反感，导致了比较严重的厌学行为。

我试图找到她的兴趣点，点燃她对学习的兴趣。可她上课还是那样，不管什么课，都在做同一件事，不停地"画"。何不就从"画"入手？课后我跟她聊天，告诉她有一件事很有趣，她可以在上课的时候，把老师干了些什么画下来。刚开始小雅只是简单地画一些人物线条，慢慢地，在我的提醒下，她开始画一些汉字和数字。后来，她还能在作业本上画一些算式，用一段文字"画"一件事。经过一段时间的努力，小雅慢慢地开始喜欢上课了，经常让我欣赏她的"画作"，慢慢能接受我的提醒了。

为了能让她跟上学习进度，我们试图通过课余时间为她补习，可次数多了，她极不情愿，老闹情绪，补习工作陷入了僵局。

一天，她又有意见了："别人可以玩，我都不能玩！"

哦，原来如此。我接着她的话说："是不是想跟他们一起去玩呀？但你课上的知识都没掌握怎么办呀？"

她撅着嘴没说话。

"要不这样吧，你上课认真，就不留你了，若没有做到，那就继续补作业，你看怎么样？"我似乎做了妥协。

她笑着说可以。与她拉钩约定好，我似乎见到一缕阳光。

现实总是不尽如人意，与她约定后我特别关注她，一节课她坚持不了三分钟就发愣了。可还是有进步，我表扬了她，课后，我信守承诺没有留她补作业，虽然她的作业依旧是那样的"糊涂"，她显得异常开心。

慢慢的，所有课任老师都跟小雅达成了这样的协议。就这样，小雅在坚持和坚持不了，开心玩和补作业的重复中度过。

在一次语文公开课上，事情发生了改变。

语文老师出示生字"雕",抛出了一个问题,它是什么结构,分别是什么?同学们很快回答出"左右结构,左边是周",可右边是什么,没有人说得上来。

让人惊讶的是小雅居然举起了自己的小手,这令听课的我很意外,一个从未举手的学生,今天竟然举手了,"众人皆醉我独醒"的感觉让小雅很自豪,她见老师没反应,把手又举高了些。

语文老师环顾四周,终于发现了小雅。

"雕的右边,就是雅的右边。"见语文老师有些迷糊,小雅喊:"老师,就是我的这个雅。"

我带头鼓了鼓掌,学生也跟着鼓掌,语文老师心领神会:"小雅同学真能干,竟发现'雕'和'雅'的右边是一样的。"

伴随着同学们的欢呼,小雅得意洋洋地坐下,那一节课小雅异常认真。

下课后,我把她叫到办公室,对她说:"今天你上课表现非常好,我们一起发个短信告诉妈妈,好吗?"接着我让小雅自己使用手机,不一会儿,她把她妈妈的回信大声地念给我听:"真的吗?听到这个消息我真是高兴极了,原来我的小雅如此能干!"

晚上,妈妈带来一个小礼物,并说她为小雅感到很自豪。接下来,小雅积极参与了课堂的小部分活动,作业也积极主动去完成。我抓住她的这一点点变化及时给予鼓励,并在一天结束后找她聊聊当天学到了什么,让她说说自己的进步,并将这消息以短信的形式告诉她妈妈。

就这样,在我、课任老师和妈妈的不断鼓励下,小雅每天都带着好心情上课,渐渐有了学习兴趣,开始慢慢地进步了。

引用顾城的诗句"走了那么远,我们去寻找一盏灯",然而这盏灯不像我们想象的那么美好,因为灯芯太短,灯油太浅,总是燃了一会儿就熄灭了,而且再难点燃。的确,案例中的这个孩子小雅,让老师寻找了很久,走了很长很长的路。"众里寻她千百度",蓦然回首,发现她在

"灯火阑珊处"。

走了很远，寻找明灯

对于一个难以沟通，不顺心就哭哭啼啼，且没完没了的学生，老师应该怎么办？愤怒、怨恨、责备……那只会陷入更加难以融合的地步，关切、表扬、微笑……可她全然不予理会。无可奈何？不，老师抓住了学生的一句"我要回家"，既然想回家，不如以此为条件，引导学生说出自己的想法。当然学生一下子难以清楚地表达，在断断续续地把自己的故事完整讲述之后，老师发现了小雅如此表现的内因"很小就寄宿"，长时间远离父母，她并不喜欢，她想待在父母的身边，得到更多的关爱和亲近，可愿望并没有实现。

事实上，我们很清楚地看到小雅为什么这样表现，两个字："反抗"，以此要挟父母，期待父母能改变让她"寄宿"的状况，可是没有用，在她使出小孩终极武器"哭"后，没有取得成效，"父母老师都不理她"，无奈之下，她走向另一个极端，"课上不理老师"。就这样，从托儿所到小学，她都是这样度过。

获悉内情之后，老师开始寻找点亮小雅的明灯，选择从小雅喜欢的画画入手。这是一个明智的选择，一个学生的潜意识是"对抗"老师，此时老师如果只是简单地从规范学习、养成习惯入手，等于揭孩子之"短"，撞孩子的"枪口"，结局只会更加糟糕，陷入不可调解的境地。画什么？画老师，画课堂，画同学，以自己喜欢的方式去画。画，也是一种发泄，可以把自己心中的那份怨恨通过画的方式，进行宣泄；也是一种引导，明确画的内容，让学生开始关注课堂，关注老师；从画"人物线条"到"汉字和数字"，从"一些算式"到"一段文字，一件事"，由简单到深刻，由形式到内容。通过以欣赏她的"画作"的方式，让她找到乐趣，享受被欣赏的感觉，有目的、有意图地让小雅"慢慢能接受我的提醒",从而慢慢地喜欢学校,喜欢同学。

华灯初上,期待小雅能流光溢彩。

拨动灯芯,重燃兴趣

可学习总得回归正途,不能一"画"到底,画的目的已经达到,得慢慢地进行再引导,回到知识的学习上。既然与小雅已经能进行沟通,她上课也开始关注老师,那么老师都希望能通过自己的努力,使得小雅慢慢地进步。刚开始,小雅也很配合,她也发现老师可亲,也乐意"配合"老师对她的补习工作。可是学习需要一个过程,一个循序渐进的过程,一口吃个饱,只是一厢情愿。也许老师们"太着急"了,忘记了小雅是"坐久还起步",自然"堤边足逶迤",她经受不了几位老师的"轮番轰炸",开始不情愿,闹情绪,理由是"别人可以玩,我不能玩"。

难道初上的华灯,绚丽的一闪之后,就要慢慢地黯淡下来?

教育,要抓住任何"危机"背后的契机,若把小雅不愿继续补习作为一种"危机",契机在哪里?我们来解读案例中老师的几句话——"是不是想跟他们一起去玩呀?但你课上的知识都没掌握怎么办呀?""你上课认真,就不留你了,若没有做到,那就继续补作业。"从同理到质疑,再到建议,这是一个比较巧妙的过程,挖掘学生所思,透析学生所虑,诠释学生所想。学生更是做出了一个有趣而又真实的反应,从撅嘴到欣喜而笑,形成约定,课堂上专注,下课不补习作业。虽然"现实总不尽如人意",可有进步就得表扬,不断激励,不断向前。依旧"糊涂"的作业,总有"清楚"的一天,关键是能够让"她显得异常开心"。宋代陈颐说:"未见意趣,必不乐学。"的确如此,找到乐趣的小雅很是兴奋,如法炮制,"慢慢的,所有课任老师都跟小雅达成了这样的协议"。虽然"小雅在坚持和坚持不了,开心玩和补作业的重复中度过",但已经是一个可喜的变化。

不断地拨动小雅心灵之灯芯，使灯火愈发明亮，跳动的火焰炎炎而起，紫气腾腾，期待"一粒丹成"。

给灯加油，使灯长明

狄斯累利（19世纪英国首相）曾说："人生成功的秘诀是当好机会来临时，立刻抓住它。"小雅的机会在一次语文公开课上来临，一个所有同学都不知道的"难题"被小雅成功地"破解"了，当然这得益于小雅养成了认真倾听的习惯，并抓住了这一次稍纵即逝的机会。人最大的困难是什么？就是发现自己，合适的时间，合适的情境，突然让小雅发现了自己，"雕的右边，就是雅的右边"，"老师您看，就是我的这个雅"。这简直是一个惊世骇俗的发现，足以让小雅充分肯定自己，为自己取这个名字而喝彩，自会油然而起一种认同感。这也说明了一个现象，人最容易的事，也是发现自己。此时的关键是什么？获得老师的认可，同伴的认可。这就需要有人推波助澜，谁来做这件事？答案就是案例中的"我"。"我带头鼓了鼓掌"，学生自然会情不自禁地"也跟着鼓掌"，这是一种附和，虽然大部分学生不一定弄得清楚到底为了什么鼓掌，可是有人做了，自己不能落后。而最最关键的是"语文老师的心领神会"，对小雅来说，老师那句"小雅同学真能干"的评价，犹如"久旱甘霖"、"冬日暖阳"，天生我材必有用。她内心极度欢腾，那种"人生得意须尽欢"的美妙感觉不能言尽。同学们的欢呼，更是让小雅得意洋洋，"春风吹拂，泛起满面桃花"，自然可见"小雅异常认真"。

这是一次令人疯狂的经历，我要告诉全世界。可"全世界"都已经知道了，妈妈还不知道，怎么办？老师读懂了她的内心，让小雅自己使用手机发短信告诉妈妈，而且把妈妈的回信"大声地念出来"。这是充满智慧的教育，首先在学生极度兴奋的时候，让她最亲的人来分享她的快乐，让她懂得自己的快乐原来是妈妈最大的快乐，拉近了亲情，懂得分享；其次，让学生自己发短信、念回信是一次锻炼能力的机会，写字、写话、读信，是一次"抄写生字"、"组织文句"、"感情朗读"的练习；最后，就是情感的释放，不管是消极或积极的感情，都需要宣泄，"与君歌一曲，请君为我倾耳听"，有一个倾听者，如得一知音。

寻寻觅觅，终于为小雅找到点亮长明灯之"油"——鼓励短信和妈妈的礼物，对小雅来说，聊聊自己的进步和久违的"亲情"回归，让她不仅找回自己，更是找到了生命意义。

师者，应该做一个点灯人，点亮孩子人生的心灯，为迷途难进的孩子点亮前行的明灯，更使之"若火之燎于原，不可向迩"。

12. 激励潜能
——应对学生懒散心态

懒散的学生并不少见,他们对学习兴致不高,作业不想动手,活动懒得参加,有时甚至连话都不想讲。表现为经常忘交作业,值日忘做,看上去邋邋遢遢,有时还满口胡言,行为怪异,令人厌烦,等等。可就是这样的学生,往往有惊人举动,上课时,突然一句幽默或一个怪异动作,笑翻众人;活动时,脱口而出的一个新奇点子,让人叹服;交往时,不计得失的表现,受人欢迎;学习时,突来一篇文笔老辣、行文流畅的文章,让人惊喜……用一句话来概括,这样的学生潜能无限,只是有待进一步开发。

身为人师,很是惭愧,我们通常把"学生潜能是无限的"挂在嘴上,事实上却很少能让这些学生发挥出他们的潜能。为了安全,我们习惯性地取消了一些可以让他们去尝试的机会,试图以杜绝的方式来营造安全的氛围。殊不知,只有大胆地让他们去经历,去跋涉,去探索,才会让其有所感悟,获得真正的成长。为了效率,我们经常剥夺他们独立思考的机会,喋喋不休地告诉学生这个该如何,那个是怎样,试图一股脑地把自己的所知所得全都倒给他们。却不知,只有激励他们去尝试,去发现,去寻找,才能使其享受发现的快意和创造的乐趣。

改作业时,小峰姗姗来迟,哭丧着脸把作业交给我。我正想问其迟交的缘由,一看作业本,明白了。原来他的作业本不知为何被"大卸八块",纸张全都散架了,一张一张的。他潦潦草草地整理一下,准备交给我。

"你迟交了,又是这样,怎么回事?"我有点生气。

"是小津催我交作业，猛地一扯，全撕开了。"小峰一脸的无奈。

可这样随时会散落一地的"作业纸"，交上来怎么办？对我们老师来说，处理散架的作业本，最简单不过了，用订书机一订或者用双面胶粘一下就行了。

"这样的作业本，老师不要。既然是小津扯掉的，你去让小津把作业本整理成原样。"我知道他现在心里肯定很是矛盾，不过我还是把难题抛了回去，也想让他明白做错事得负一点责任，而不是一开口就先推卸给别人。

小峰悻悻地走了，一会儿又回来了，还是一叠散架的"作业纸"。

"老师，不全是小津的错，他催我交作业，抓住了我的作业本，可我发现自己还没有完成，使劲要拉回来，结果就这样了。"小峰看看搪塞不了，终于说实话了。

"看来大部分是你的错喽？"我故作恍然大悟状，小峰无奈地点点头。

"那怎么办？"我不依不饶，我想等到小峰开口求助的时候，再进行简单的教育，让他顺势而下。

"那我再去试试。"小峰嘟囔了一句，扭头就走了。

我很诧异，小峰手上一没有订书机，二没有胶带纸，一点粘贴的材料好像都没有，而且班上的其他学生好像也没有这些东西，他拿什么去试试呢？

过了好一会儿，小峰回来了，一本用"红线"装订起来的作业本，完完整整地交给了我。

"哇！装订得很好，你怎么做到的？"我看不明白，小峰是用什么工具把作业本装订起来的。

"我用圆规上的针头，在边上扎出几个孔来，再从红领巾上抽出几条红线，然后把它穿起来。"小峰有点得意。

"啊，聪明，很好，很有创意，那就这样喽！"见我大加赞赏，小峰一蹦一跳地离开了。

不知为何，我心里涌上了一阵感动，这个平时总是懒懒散散的孩子，给了我一个重新认识他的机会，而且是颠覆性的。我给他设置了一个极其困难的难题，可他竟能在"硬件"如此缺乏的"恶劣"条件下，想到了这样一个绝妙的方法解决了这么一个"难题"，而且非常有创意。

因为这件事，我在班里表扬了小峰的创意，同时也提醒小峰及时完成作业的重要性。在小峰满脸洋溢的得意和不断的点头中，我似乎看到了一个即将不一样的小峰。

之后，我推荐小峰参加了校科技小组，自信的笑容经常浮现在小峰脸上，可喜的是，小峰更加勤快了，不仅表现在学习上，在其他方面更是创意不断，在一次科技活动比赛中，他的创新作品《高空换灯器》荣获了唯一的一个一等奖。

的确，急中生智也好，"绝处逢生"也罢，陷入"困境"后的小峰，被激发了潜能，想到了如此绝妙的创意，确实大大出乎老师的意料，也难免让人感慨。正如白居易的《和微之诗二十三首序》中所言："今足下果用所长，过蒙见窘，然敌则气作，急则生智。"

一次懒散的行为

学生的懒散行为数不胜数，见怪不怪，产生的原因也多种多样，由个人性格、习惯、兴趣等因素造成。问题在于，面对懒散行为，很多学生浑浑噩噩，意识不到这是懒惰；不知脚踏实地从现在做起，从小事做起，总是寄希望于明日，幻想着未来的美好，于是"明日复明日，明日何其多，凡事待明日，万事成蹉跎"；而更多学生虽明白"千里之行，始于足下"的道理，也极想克服这种懒散的习惯，但往往不知从何开始，从何做起，心里着急，却无实际行动，因而在内心的空虚中得过且过，日复一日，之后叹息"少壮不努力，老大徒伤悲"。

小峰就是这样，同学们作业交齐了，他还无法交出，也不知道之前他都干了些什么。小组长催交作业了，他才发现自己的作业还是一片空白，情急之下"夺回"作业本，于是意外发生了，作业本被"大卸八块"。由于没有装订工具，在完成作业后，他不得已原状上交。当然，在他的心中，思想斗争自然激烈，最理想的情况是老师过往不究，发现这本散架的"作业纸"能主动帮他装订，放他一马；可若老师追责，怎么办？他心里盘算着应对之法，对了，把责任推给组长，这样老师就不会责怪了，起码不是我一个人的责任。可以想见，每一个做"错事"的人，都是心里最不安的人，这正是所谓"做贼心虚"。不过到老师那儿也得装得像一点，怎么做呢？——"哭丧着脸"。这样，可以让老师看到自己的无奈，说明自己很痛苦，是无辜的。不管如何"表演"，小孩子心里的那一点小算盘，让人一眼就能读穿，虽然老师嘴里不说，心里肯定暗暗发笑。可如果不"表演"，一个学生拿着被"大卸八块"的作业本，还一脸的不在乎，试问，哪个老师受得了？一次懒散行为，代价却是巨大的，活动了多少心思，死了多少的脑细胞。期待用一个大谎言，去掩盖小谎言，可是换来的结局是什么？结果谎言越来越大，最后自己陷入了困境。

一项信念的行动

事实就是这样，老师不但不相信，而且很在乎，态度也很坚决："这样的作业本，老师不要。"更令他费劲的是，老师把"皮球"丢了回来，"是小津扯掉的，就让小津整理"。这可怎么办？找小津，不合适，自己错在先，若小津再把自己没有及时完成作业之事告诉老师，岂不错上加错？再说作业本是自己扯回来时散架的，也怪不得小津。唉，算了，承认得了，大不了挨老师一顿骂。丑陋的实话实说，远胜美丽的谎言。真情告白后，期望老师能原谅，可老师还是不依不饶，实质是希望学生保证下不为例。可是,事情的发展却也出乎意料,"'那我再去试试。'小峰嘟囔了一句,扭头就走了"。奇怪,在老师的潜意识中,装订最好的工具就是订书机,再不行能够粘贴的材料也可以,可小峰都没有,他拿什么试试呢?如此逞强,看他等会儿还不再过来求助。

安逸让人懒散,困境激励奋进。孟子曾道:"天将降大任于斯人也,必先苦其心志,劳其筋骨,饿其体肤……"就是这样,无奈之下,小峰开始了他逆境中的行动。既然老师拒绝了我的一切请求,现在我得独自面对这一项艰巨的任务,这是被逼无奈之举,摸索前行,不断尝试,不断失败,可是,我已经没有"退路"了,坚持向前吧,再试试看!这应该是小峰整个创作过程心理活动的真实写照。可最后的结果是什么?"哇!装订得很好",他得到了老师的大力赞赏。"宝剑锋从磨砺出,梅花香自苦寒来",这个道理虽然浅显易懂,可关键在于,如何树立信念,持之以恒地付诸行动?现在的答案就是:从困境而来。可以得见,任何一项有信念的行动,都是被逼出来的。

一个唤醒的潜能

让人大跌眼镜,又让人异常欣喜,如此困难的局面,如此"恶劣"的条件,竟然能够圆满解决了。小峰是怎么装订作业本的呢?"我用圆规上的针头,在边上扎出几个孔来,再从红领巾上抽出几条红线,然后把它穿起来。"绝妙之极,难怪学生得意异常,应该得意呀!看着小峰"一蹦一跳地离开",老师何尝不感动呢?能让老师感动,那么,学生就有福了,表扬、期待、机会……如期而至,于是一个不一样的小峰出现在了大家的面前——"自信的笑容经常浮现在小峰脸上","更加勤快","创意不断"。

的确,人的潜能是无限的,如何能创设情境进行有效的激发,让学生找回自信,走向优秀?潜能的激发是一门学问,有效开发潜能更是一门科学，有时灵光闪现而过，那只是瞬间的美丽，如昙花一现，虽然也可以进行"永恒"的记忆。可对老师来说，我们的教育任务远远不止这些，让学生能持久发展，终身发展，才是我们教育的意义。案例中，老师做了什么？既然学生有非凡的创意，就让他创意无限，推荐他参加"科技小组"，让他充分发挥自己的长处，让他能够如鱼得水般体验成功，享受快乐，展现自信，最后创新作品"荣获唯一的一等奖"应该就不在意料之外了。兴趣是最好的老师，做有兴趣的事，努力付出后成功自然而来，成功所带来的成就感让他更加自信地面对同学，亲近老师，放松心态后学习如愿进步，生活自然有趣。

潜能是什么？正如《激发个人潜能》的作者安东尼·罗宾所说，每一个人的内心都有一个伟大的巨人，如何巧妙地唤醒他？答案就是：行动，一个有信念的行动。但愿我们都是那样的人，做能给予学生良好信念，并启迪他们行动起来的人生导师。

艺术应对学生的交往障碍

13. 落实友谊
——应对校园的冷暴力

校园冷暴力,是一个令人胆寒的名词。在学生之间的日常交往中,冷暴力的现象无处不在,无孔不入。一句不慎的言语,掀起一阵捕风捉影式的怀疑;一个与众不同的看法,引起一番群起攻之的责难;一次出类拔萃的表现,迎来一场羡慕嫉妒的怨恨;甚至长了一张博得大众好感的容颜,也遭遇同伴有意无意的冷落。我们经常发现这么一些现象,如恐吓同学、辱骂别人、冷落朋友、孤立他人等,学生应对无力,家长无计可施。

有时学生之间错综复杂的纠纷让人"剪不断,理还乱"。当你解开这个结时,却发现另外一个结又打上了;当你理清这个问题时,发现问题并不在这儿;当你觉得这边值得同情时,发现那边情绪难平;当你保持平衡时,发现问题不但没有解决,反而弄得更糟。很多时候,不耐烦的老师会做一件事,双方"各打五十大板"了事,把双方表层的问题打入深层,换回一时的平静。学生不再反映,不再诉求,"求人不如求己"的心态会让他们寻找其他的解决途径。如把"义愤填膺"的家长牵涉进来,委曲求全寻求同伴庇护,甚至寻找外部力量把社会青年引到校园,把本来只是"涟漪"的局面搅成"惊涛骇浪"。

小惠的插班很突然，我接到一个电话后不一会儿，小惠就出现在教室的门口了。小惠长得很漂亮，她的出现犹如在平静的水面投下了一块石头，激起了一片涟漪，我听到班上几个男生发出了轻轻的惊呼声，随后是一片寂静，大家目不转睛地盯着她。由于来得突然，我只能暂时把小惠安排在第一排的位置，"谁愿意把后面的桌子和椅子各搬一张过来"，我话音刚落，就有几个男学生抢着去搬，而且还起了小小的争执。

课间，几个女生主动围了上去，问长问短的，小惠显得很开心。接下来的几个课间，小惠总是一个人坐在座位上，静静地看书，也不主动找大家玩，几个女生玩在一起的时候，有女生上去邀请小惠一起玩，可能是小惠觉得比较陌生或者是还不习惯吧，依然愿意一个人待着。而男生却奇怪地少了一份喧哗，多了一份安静，一群一群地出现在讲台桌旁，时不时地有人"不小心"碰到小惠的桌子，"对不起"之声也时而响起，还不断地有人捡起落在地上的文具还给小惠，顺便跟小惠聊几句。可小惠呢？发现她慢慢地皱起了眉头，似乎不愿更多的人来打搅她，渐渐地，对同学们的"问候"也不理不睬了。看书时，头也埋得更深了，接下来的课间更是极少见她离开自己的位置，无奈之下，大家都知趣地离开。

第二天，小惠父母来看望她，她的父母告诉我，小惠比较胆小，不善于和同学交流，不知道能不能适应这儿，希望我能多多地关照她。

快上课了，小惠却怎么都不肯进教室，缠着她的父母不放，泪眼婆娑。昨天还是好好的，怎么过了一个晚上变得如此脆弱呢？昨晚发生了什么让她如此不安？我吩咐一个女生，去把小惠叫了进来。

等我了解具体情况后，还是大吃了一惊。原来，昨晚洗澡时，女生们都进浴室洗澡，唯独把小惠关在了门外，她们洗好后才让小惠进去洗澡，并且吩咐小惠清理卫生间和打扫房间，难怪小惠如此伤心。

中午，我"顺道"来到她们的寝室，她们正好都在。一番问候后，我切入了正题。

"同学已经难得，室友更是可亲，同一个房间，你们平时如何保持友谊，有什么经验？如何对待新室友？"

一番七嘴八舌，高年级学生了，也懂一些大道理。讲得好，不代表能做到。其实，友谊也得落到实处。

临走时，我叫来小影："老师觉得你最懂得友情，给你一个任务，把新同学小惠托付给你。这一段时间你有什么活动，做什么事，都要叫上她，你能完成这个任务吗？"而后，我又把平时喜欢"作弄别人"的小张叫来，同样交代一番。

这几天，我发现小影时刻关注着小惠，早餐等她，课间牵着她的手，上厕所也叫上她。小张呢？也表现得很友好，当然就不会为难她了。

一周过去了，班里评选本周之星，增设友谊之星，小惠推荐了小影，小影顺利当选。

小惠很好地融入了她们，灿烂的笑容时常出现在她的脸上。小惠的快乐，让她的父母激动不已。

一个漂亮的女生

周立波在自己的秀场曾说："现在若有机会让他重新报考大学，他会有两个选择：一是选择美女多的学校，二是选择美女多的学校的隔壁学校。"虽是秀场上的玩笑话，可也凸显当代年轻学生的一种风尚、认知及一种价值观。不是吗？更年轻一点的学生也这样，"几个男生发出了轻轻的惊呼声"，抢着为她搬桌椅，还起了小小争执，这些场景说明，这个意外出现的女生，她的某些特征符合男生的审美观，并且大大超出了他们的预期，他们迫不及待地进行表现，以求引起注意和关注，甚至博得好感。

因为出众受到欢迎，本应是一件值得"骄傲"的事，尽可"呼风唤雨，撒豆成兵"。可事情发展却不是这样，除了刚开始几个女生围上去问长问短，小惠显得很开心外，接下来小惠拒绝了所有"热情"，冷冷地对待一切，自己静静地待着，"慢慢地皱起了眉头"，"头也埋得更深了"，以致最后"大家都知趣地离开"。她的出现，吸引了所有男孩的目光，一时间"明月当空，众星黯淡"，不知拉开了多少人的心理落差。虽然她并不张扬，只是淡淡地独处一角，可越是这样，越惹人关注。"好酒不怕巷子深"的心态也让男生"一群一群地出现"，时不时有人故意碰小惠的桌子，或帮她捡起掉落的文具，顺便聊几句。这些情景，大家看到眼里，记在心上，网络上现在流行一个名词叫"羡慕嫉妒恨"，于是有意的为难，无意的疏远，开始上演。

一番莫名的责难

责难，肯定事出有因，也肯定存在有意和无意之分，善意和恶意之别。看到小惠如此受欢迎，也看到小惠对同学如此冷淡，自然有人心里"不舒服"，心里暗暗嘀咕着，有什么了不起，看我怎么"收拾"你，给你个下马威试试。于是就发生了这样一幕——同寝女生都进浴室，独把小惠关门外，让她最后洗，并吩咐她清理和打扫。可能这只是一两个人的心思，很多人也不知其中意图就跟着做了，习惯和思维定势让她们没有意识到，她们之间又多了一位同学。于是在个别人淡淡的有意和众人的无意之间，一件让小惠难以接受的事情就这样发生了。这种让人心里非常憋屈的感觉不能直言，言之无物，更无对象，真的很不好受。

小惠就这样莫名其妙地遭遇上了，她自己也不清楚得罪了谁，竟引起如此"公愤"。遭受如此待遇的小惠，伤心理所当然。可是不善于表达的小惠，能有什么办法呢？父母来了也不敢倾诉，可就这样去上课，又不甘如此遭遇，说还是不说？激烈的思想斗争，让小惠只能"缠着她的父母不放，泪眼婆娑"。虽说"知女莫若母"，父母只了解自己的女儿"比较胆小，不善于交流"，可事件内情如何？他们有所不知，自己的女儿如此表现，他们以为只是"一时不能适应"。此时，老师的态度非常关键，必须对内因有深刻的了解，明了学生的心头之困。老师看到她的不安后，有一个具有人文关怀的做法，"吩咐一个女生，去把小惠叫了进来"。为什么不是自己去？这样做又能达到什么目的呢？一是让小惠感到还是有女生关怀她，突破"众人都排斥自己"的错误思维；二是让所有女生看到这个局面，明白与人为善和对人伸出友谊之手的意义。只有当学生感知同伴的友好和温情时，才会真正接纳同学，融入集体。

一次落实的友谊

当学生之间发生类似案例中的冷暴力事件时，老师到底能做什么？看似是一群对一个，实质却隐现个体行为，如果深度挖掘却又难以发现，剥洋葱一样层层掀开，"泪流满面"地发现原来却是"无心"。任由事情发展当然更不可取，由此会形成一种不良气氛，一旦成为惯性，学生之间就会笼罩在斤斤计较、相互责备的氛围中。你方唱罢我登场，渐渐地就发展到人人自危，人人自卫的地步，大家四分五裂，谈何和谐，心中只有"对手"，便无友情，只有"战场"，便无班集体。怎么办？答案是"落实友谊"。

友谊落实之前一定要营造一个氛围，挖掘学生心中所思所想，激发学生向善的一面，友情的一面。于是老师"顺道"而来，"问候"之后，切入了正题："如何保持友谊？如何对待新室友？"这时，相信大家都懂大道理，懂得道理不代表能落实到行动上，没有经常在行动上表现出来，就是言行没有同步，道理自然深锁在大脑的"阁楼"，现在老师正启迪她们把这些藏在脑海深处的道理进行挖掘，拿出来晒晒，温习温习。好了，听了别人的，联系自己的，明白了，原来自己做得并不"地道"，很多时候对人很不友好。唉，我怎么会这样？接下来，我应该好好地对待他人了。可接下来如何呢？心有所悟，不代表能付诸行动，凭什么让我先主动，她如此"冷若冰霜"，若不理睬怎么办？岂不是热脸贴上冷屁股？看一步，走一步了，看看大家的做法。如果就此而止，老师没有下一步的行为，那么这一次会议就只是起到一个暂时的效果。开一个会议，大家提高一下认识，会议以后放在一边，该怎样还是怎样，毫无效果，毫无用处，一个会议而已。所以会议之后的落实非常重要。

怎么落实？看看老师的高招："我叫来小影：'老师觉得你最懂得友情，把新同学小惠托付给你'"，"我又把平时喜欢'作弄别人'的小张叫来，同样交代一番"。分配任务，落实下去，大家各负其责，会议精神才能有效贯彻，才能实现真正的目的。接下来，情况自然是这样的：小影时刻关注着小惠。小张呢？也很友好。人都会这样，"投之以桃，报之以李"，对小惠来说，这段艰难的日子里，若没有小影的陪伴，自己不知如何去面对，同样为了表彰小影的贡献"增设友谊之星"，自然"小惠推荐了小影，小影顺利当选"。最后，出现一个可喜的大结局。这是一个导向，班级管理就是这样，发现学生有某方面的缺失，就有必要进行弥补，"缺钙补钙，缺维生素，就多吃蔬菜"，虽有"亡羊补牢"之嫌，但在育德大方向、大框架之下对学生进行的渗透性教育，敲敲补补、修修整整必不可少，也是教育的有效途径之一。

无意识的冷落，有意识的为难，会使他人感到无比的孤独和害怕。落到实处的友谊，收获的不仅仅是友谊，更是温情和爱心。

14. 同伴打分
——应对学生关系不和

  学生闹矛盾，又不能相互调解，有时并不寻求同学、老师的帮助，而是通过求助于家长，把本就清官难理的"家常事"搅得更复杂。此时，作为老师该如何面对家长，又该如何调解学生间的关系，消除误会，达到和谐相处呢？有的老师会利用权威或简单的批评，本着替"弱者"说话的心态，站在"委屈"方，压制另一方，以博取家长的"欢心"，达成一个初步"平衡"。这种见风使舵、"欺软怕硬"的处理方式，后患无穷，不仅不能解决问题，还容易引起效仿，产生"蝴蝶效应"。学生的每一件纠纷，都可能像南美丛林中的蝴蝶扇动一下翅膀，给北美带去一个强劲的飓风；有的老师则用缓兵之计，向家长保证，对学生好言相劝，承诺通过教育来维持学生之间关系的平衡，达到"挡一时之锋芒，避一时之锐气"的目的，过后却不见有效的教育措施，这种回避的方式更不利于以后问题的解决，若诸如此类事件继续发生，恐怕老师会应接不暇，疲于应付，只会给学生和家长留下老师应对无力，教导无方的坏印象；有的老师则"万事俱细"，既然学生有纠纷和诉求，就"刨根问底"分出一个对错，对者加勉，错者改之，这种事必躬亲、不厌其烦、"斤斤计较"的处理方式，不仅削弱了学生自我协调的能力，更是耗尽精力，"蜡炬成灰"，学生却不一定买账，一句"真啰唆"，让你的一腔热情付诸东流，虽有"落红不是无情物，化作春泥更护花"的精神，奈何学生"流水无情"。

  用一种智慧和艺术的应对策略，巧妙调解，使学生之间的误会消除，达成友好，和谐相处，这方是最圆满的结局。如何让学生之间不再互相责怪，不再闹纠纷，不再"说不尽道不完"？方法多多，现透过一个案例来分析。

小慧打电话告诉父母，说自己被同学欺负，要求转学，问其被谁欺负，又三缄其口，只是一味地哭，父母无奈又着急，就带她来到我这里。我试图引导小慧说出自己的委屈，可她却一直摇头不吭声。这个平时寡言少语的女孩，怎会在大庭广众之下说别人的"不是"呢？

我拿出一张学生登记表，对小慧说："你把班上女同学平时待人的情况给打个分数。"很快，小慧给同寝室的另外九个女生打出分数：5、10、1、3、10、10、10、5、1。

数据一目了然地显示了小慧与其他女生之间的关系，跟谁闹矛盾，受谁的"欺负"。通过数据，我向小慧父母分析了小慧的交友状况，关系好的还是多一些，关系冷淡的只有两个人，可能发生什么事，产生误解，等我了解后再把结果告诉他们。我拒绝了小慧的父亲想见见两个1分孩子的要求，小慧留了下来，她的父母不安地回去了。

中午，我召集小慧寝室的女生座谈，话题是"我心目中的好同学"，让她们畅谈。而后，让她们分别给同伴打分。我关注了小慧的打分，惊喜地发现小慧给刚才两个只有1分的同学分别打了3分和2分。

快速掌握数据后，我对她们说："你们在同学心目中的分数，老师已经一目了然，得分最高的是小扬和小琪，最低的只有老师知道。给同伴打分，以后每两周一次，看你们的得分有没有提高。"

自打分以来，我偷偷关注着被小慧打了1分的两个女生，发现她们经常主动找小慧玩。小慧呢，经常露出笑容，她的表现让父母欣慰不已。

给同伴打分一直在继续，她们的得分越来越高，小慧不再闹转学，女生之间的关系也越来越好。给同伴打分从"寝室"又推广到"教室"，成功试用于"小组"，现在流行于全班。给同伴打分，打出了一片和谐。

本案提供了一个很好的调解手段——"打分"。打分为何有如此魅力？为何能迅速改善学生之间的关系，而且把看似尖锐的矛盾化解于无形，为何如此神奇呢？现结合案例稍加启示。

试用"打分"宣泄情绪

学生受委屈后，需要合理的情绪宣泄，寻求同理的诉求。于是小慧就向父母哭诉，可她却不敢把真相全盘托出，害怕什么？为什么不向同学或老师求助，难道她害怕同学爱莫能助，老师若粗枝大叶的处理，会换来更可怕的"报复"？得不到真相的父母很是着急，可不管老师如何引导，小慧犹如惊弓之鸟，始终不肯说出自己的委屈。怎么办？这时，老师的举措很有创意，算是无奈下的急中生智，拿出学生登记表，让小慧给室友打分。打分仅体现对他人表现的评价，既没有诋毁别人的压力，也无"投诉"他人的顾忌，更无告状之意。对一个不善表达的学生来说，写是最好的选择，无需说那些难以启齿的话，便可轻松表达"委屈"。对于老师来说，以分数量化的方式，直接看出学生的友好程度及学生之间的关系，可谓一举多得。

分数打好了，小慧的情绪也稍稍安定了下来，心中积郁终得宣泄，把该说的都"说"了，最基本的要求得到了满足。虽不能把"小楼昨夜又东风"之事，像"一江春水向东流"般痛快淋漓地倾诉，可也把压抑的情感释放了出来。小女生这种含蓄方式，着实让人怜爱，也难怪她的父母如此着急。若像秦观《江城子》"便作春江都是泪，流不尽，许多愁"，说得过多，反而会削弱感人的力量，令人厌烦，经常会让师长对此见怪不怪而"不屑一顾"，失去继续深入探究的动力，事情反而得不到圆满的解决。

借用"打分"调解关系

着急的父母看到小慧情绪稳定后,又喜又惊,喜的是女儿终于"说"了,惊的是不理解孩子之间的关系为何如此复杂。于是提出见见两个得最低分的学生,也在情理之中,对于他们来说,此行目的,除了想知道女儿被谁"欺负"之外,就是想通过成人的力量来平衡她们之间的关系,为女儿讨回一些"公道",避免类似事件再次发生。这时老师的协调作用就十分重要了,其做法值得称赞,首先从分数入手为家长分析交友情况,得出"关系好的还多一些"的结论,避免了家长对学生做出全盘的否定,并且改变了他们自己女儿"胆小怕事"受人欺负的错误印象;接着拒绝父亲见见两个最低得分的学生,避免了外部力量介入使得局面陷入被动的情况出现,维护了师生之间的正常关系,也为利用"打分"解决学生矛盾,平衡关系,理清了障碍。

给学生打分,当然不能只听"一面之词",更不能把分数一抖而出,让小慧落下今后被人继续"欺负"的把柄。只有全面了解,让所有学生都参与进来,才能全面地评估、了解所有学生的人际关系,也更好地利用团体来隐藏个体,避免暴露个人的隐私。于是老师召集了小慧的全体室友,畅谈"心目中的好同学",让每个人都给同伴打了分。可喜的是小慧打分的变化,把原来两个1分提高到了3分和2分,提高虽不多,可这是一个难得的改变,是她看到老师的关注后,感到自己的事情正在解决,随之而来心情的一个升华。

苏霍姆林斯基说:"要像对荷叶的露珠一样,小心翼翼地保护学生幼小的心灵。"分数出来后,案例中的老师就这么做,只公布两个得最高分学生的名字,避免了低得分的学生受到伤害,呵护了他们幼小的心灵,也避免了由于被打了低分,学生之间陷入相互"讨伐"的危机。同时树立了榜样,让大家有样可学,老师的导向是一面旗帜,是发展目标的导航机制。老师还说:"给同伴打分,以后每两周一次,看你们的得分有没有提高。"是呀,老师没有表扬我,我会得到一个怎样的分数呢?相信每一个没有受到表扬的学生都会产生这样的疑问,都会掠过一丝担心,我是得分最低的人吗?尤其是平时对待同学不那么"客气"的学生,反思也许最为深刻。接下来,我该怎么做?既然老师说打分还要继续,那自己总得进步一些吧?于是就发生了这样一个可喜的变化:自打分以来,被小慧打了1分的两个学生,经常主动找小慧玩,小慧呢?经常露出笑容,其父母欣慰不已。

利用"打分"维系和谐

"打分"能在女生中运作,起到了调解关系的作用,能否在全班推广呢?案例中的老师并没有马上实施,而是谨慎地先在小组试行,毕竟女生团体是一个相对狭小的空间,同处一室难免磕磕碰碰,可她们毕竟还是有感情的,经常早晨吵架午间和,通过一两句好听的话,几个善意的行为,往往就能"一笑泯恩仇",所以"打分"的维系和调解作用比较明显。

若在全班推广,小组当然是最好的实验田,小组是非稳定小团体,学生随机成组,相对"复杂"。可组际竞赛让小组成了"利益"共同体,有利益就会有矛盾,有矛盾就需要解决,就有相互制衡的必要。打分提供了一条学生之间相互评价,相互制衡的手段,所谓"群众的眼睛是雪亮的",不管你是否是老师的"宠儿",班里的"范儿",在小组中的表现是否仍然"勤劳友善,团结守信",组员都会以分数来评价。这样,每个学生都会觉得只有做到表里如一,有始有终,才能得到小组成员的一致好评,得到一个高分。在小组的成功,也为全班的推广提供了可行的依据。当任何一个"只缘身在此山中"而"不识庐山真面目"的学生,看到同学们"横看成岭侧成峰,远近高低各不同"的评价时,就有了反思的依据，完善的标准。打分，这种相互制衡的手段，也促使班里的"些小吾曹州县吏"，待人处事时也要"一枝一叶总关情"。的确，"给同伴打分，打出了一片和谐"。

是呀，谁不想在同学的心目中得到一个高分呢？打分，像一只无形的手，牵动着每一根向上的神经；打分，像一把衡量的尺子，找到了对待他人的标准；打分，更像一剂甘草药，调和了人际间的酸甜苦辣。

15. 善意理解

——应对学生攻击行为

攻击为什么会产生？自然界中，动物们的攻击行为都是为了自身的生存，或捕捉猎物，或遭到危险时的防卫，或是为的争夺领地。人当然也是这样，纵观人类的战争史，无不如此。对于一个学生来说，他的攻击性行为又是为了什么？猎物，暂时不是。是对危险的防卫，还是争夺霸权？好像都有那么一点点，可是好像又没有那么严重，当他们感觉到自己的权益得不到维护，尊严受到了损害时，就会做出一种反应。由于他们自身的认识、能力及成长经历不同，在应对方式的选择上就有所不同，有的选择沉默应对，有的选择口头语言，有的选择肢体语言。当沉默达到不可忍耐的程度，而口头语言又不能解决时，肢体语言就会发生。渐渐地就形成一种不良习惯，不管遇到什么不顺心的事，跳过沉默，绕过口头语言，直接采用简单明了的方式即肢体语言，期待解决问题"短、平、快"。久而久之，没有了冷静沉默的耐心，丧失了语言辩解的技巧，只会用单一的应对"武器"肢体语言，也就是攻击。

班上如果有一个具有强烈攻击性的孩子，班主任的日子会过得很"艰难"。整个班集体的氛围会因此弥漫着浓浓的紧张感，班上常常会充斥着叫骂声，为了"自卫"，学生可能在家长劝导下或自己屡次吃亏中慢慢总结经验教训，开始人人自威，拿起"反击的武器"来防卫。此时，班上大部分学生的个性会越发张扬，矛盾丛生，最坏的结果会造成不良事件频发，学生无心学习，而且难以协调，造成"优生"大量流失，学困生比比皆是，进入恶性循环。

小鹏经常打架，同学们都说他"打架不是新闻，不打架才是新闻"。

每次找他谈话,他都信誓旦旦地表示会改过自新,可没过多久又故态复萌。

一次,小鹏又与同学打架。思考再三,我决定让"事件回放"促使小鹏反思自我。之后,我召开班会,让大家围绕"打架可以避免吗,我可以做些什么"进行讨论。大家在讨论中提到了杜绝打架的方法,也数落了小鹏的不对,但也有人细数其热情大方、慷慨仗义等优点,最后集体表决,原谅小鹏。此时,我看到小鹏已经热泪盈眶。

班会课后,我与小鹏推心置腹地交谈了一次。谈话中,小鹏告诉我,自己本不想打架,只是想与同学玩玩,没想到他这么不友好。此时,从小鹏忧郁的眼神中,我读出了两个字——"孤独"。

我告诉小鹏我可以做他的朋友,小鹏很是兴奋,表现得非常积极,之后主动找我聊天,主动帮助我送作业本,并不时来办公室帮忙。看到小鹏的进步,我在欣慰的同时,也考虑着接下来的工作:帮助他交上同伴朋友,使他真正融入班集体,学会与他人相处,让他学会去爱。

一次,刚刚病愈的小齐在做值日,我赶紧叫来小鹏,悄悄地对他说:"小齐刚刚康复,你能帮他吗?""没问题!"小鹏点了点头,从小齐手中接过拖把,认真地擦起地来。待小鹏走进教室,教室里就响起了热烈的掌声。小鹏的脸"唰"地红了,不好意思地回到自己的座位上。

之后,小鹏开始主动帮助同学,每次得到同学的赞许后,他都会开心地向我汇报。令人庆幸的是,他坚持了下来。

一次,小鹏来帮我擦桌子,正好碰到了前班主任李老师,李老师惊奇地说:"咦,这不是小鹏吗,他怎么会在这里帮忙?""他最近一直这样,表现很好。"同事们笑着回应。我笑了笑,转头看了看小鹏,看见小鹏一脸的自豪。

渐渐地,我发现大家开始欢迎小鹏的加入,也发现小鹏能跟大伙开心地聊上几句。但大多时候,我发现小鹏还是皱着眉头,孤独一人,不免有一丝的忧虑,看来必须让小鹏找到真正的朋友。

一次课堂上，我发现小鹏在写着什么，见我过来急忙收了起来。虽然我不知道他写的什么，可还是给了我启示：何不让他把心里话写出来与大家分享呢？于是在我的提议下，班里实施了"愿望漂流卡"活动，漂流卡在学生间传递，每个人都可以在上面写下自己的心里话或愿望。小鹏的留言内容是想与小琛做朋友，并希望他能帮助辅导作业。

在我的极力撮合及全班同学的关注期待下，两个孩子最终成为结对伙伴。在学习上，小琛给小鹏很多辅导，而小鹏也给予小琛很多帮助。随着交往的不断深入，两人关系越来越好，可喜的是，不断有同学加入到他们的结对圈子。

一个学期过去了，那个爱打架的小鹏不见了，通过努力，他的成绩也跃至中游，并在期末荣获"进步奖"，他的父母不禁感叹："实在太不可思议了！"

一个爱打架的孩子，为了能改变他，老师、父母也都会寻求并使用各种各样的教育手段和方法，然而，费劲了心思，效果却总是不佳。现在为什么会发生改变？审视案例，不难发现，小鹏的改变，源自老师教育策略的改变，以及一系列针对性教育措施的跟进。

激发感悟，放下"攻击"

打架多的学生，不仅给老师留下极坏的影响，同学在与他交往时，也会表现得特别不服输、不礼让，认为反正他是"会打架"的人，真的打起来，老师会先批评他。这种想法，一旦在同学们的心中达成共识，那就不好办了。对小鹏来说，"打架不是新闻，不打架才是新闻"就不只是一句评语，而是一句挥之不去的可怕"咒语"了。于是，小鹏屡次信誓旦旦地表示会改过自新，但没过多久又故态复萌，也就不奇怪了。所以除了让小鹏看见丑陋，深受感触，改过自新以外，关键是要让所有的学生接纳小鹏，"事件回放"这种幽默的处理方式，让学生看到的是老师没有用批评解决这件事。如果说"事件回放"是对小鹏的教育迈出第一步，那么接下来，老师做的就是进行舆论引导，消除大家对小鹏的畏惧，同时也让小鹏感受到集体的温暖和同学的友善。

如何引导？通过"打架可以避免吗，我可以做些什么"的讨论，改变大家对小鹏的态度，引导大家接纳小鹏，也让小鹏感受大家的友好。这也正应了一个事实，老师的立场和导向，永远是学生的风向标，不可否认老师的引导作用。启迪了一贯"同情"小鹏的学生对他的声援，这就是当"疑邻盗斧"式的心态解除后，当你换一种眼光重新去审视别人时，看到的有可能就是很璀璨的一面了。所以就有很多学生就开始想起小鹏"热情大方、慷慨仗义"等优点了，"最后集体表决，原谅小鹏"顺势而成，感动不已的小鹏"热泪盈眶"。当一个感悟至深的小鹏，置身于和谐友好的氛围中后，放下"攻击"，就很是自然了。

感受温暖，唤起爱心

一个与人交往总是以"打架"告终的学生，同学避之唯恐不及，何谈朋友，有时只想跟同学玩玩，却总是得到别人不怎么友好的回应，长期被人"排斥"，小鹏的眼神里写满了"孤独"，悲伤哽咽，特别需要得到别人的温暖，期待有人能燃起他内心的火焰。案例中，老师读懂了这个学生的内心渴望，为了让小鹏学会如何友好地与同学相处，唤起爱心，老师设计了这样几个步骤：

一是先与老师交朋友，老师先与小鹏交朋友有三种暗示，首先让小鹏有朋友，知道该如何与朋友相处；其次为学生们提供可以与小鹏交往做朋友的暗示；再者就是老师加强与小鹏沟通，更深地了解小鹏，带领小鹏走出困境。

二是让同伴真正接纳小鹏，可以看到在这个节点上，案例中的老师并不着急，没有把接纳小鹏这件事强加给学生，而是把握时机，通过落实小鹏对困难同学的帮助,让同学们真正看到小鹏有爱心的一面后,通过给"做好事的人"鼓掌这一个特殊的方式,让所有的学生敞开心扉,让小鹏再一次感知大家到底欢迎什么样的自己,到底喜欢怎样的小鹏,从而对自己有一个新的定位,于是小鹏开始主动帮助同学,并且坚持了下来。

三是争取老师们的认可,让小鹏经常来帮助老师做这做那,不仅让小鹏享受帮助别人的快乐,更重要的是在所有老师面前证明了自己,得到了老师们的认可,现在是一个全新的小鹏,偶遇前班主任,特别是得到不一样的评价后,小鹏一脸自豪的表现就是一个证明。

唤起爱心,爱心的付出,获得的是爱心的回报,这是以前用"攻击"的方式,从没有获得的快乐。谁不想坚持拥有这种快乐呢?小鹏坚持了下来。

得真朋友,获真改变

这是让小鹏获得改变最为决定性的一步,也是小鹏最终走向"友好"的关键。没有同伴朋友,整天围绕老师转,转到某天,难免会疲惫,如果哪一天"拿着鸡毛当令箭","挟天子而令诸侯",同学们看到一个"旧病复发"的小鹏,而且还有老师"撑腰",就更难让小鹏走向人群了。而如果有了同龄的知心朋友,在相互关怀、相互接纳的氛围中融入集体后,大家能开怀地相处,自然就心态平和,遇到纠结相互之间也能够自我调节。

老师敏锐地观察到了这样的现象,发现小鹏大多数时候还是皱着眉头,孤独一人,不免着急,后来发现小鹏写着什么,见到老师急忙收了起来,也不禁感叹,这也证实了同龄朋友的作用,即使与老师的关系再亲密,也不能分享心里的秘密。不过,老师还是计从心来,智慧地根据小鹏的爱好和特点,设计了"愿望漂流卡",提供一个让所有学生表露自我的平台。此举虽为小鹏推出，却不露痕迹，正如苏霍姆林斯基指出的那样："任何一种教育现象，孩子在其中越少感觉到教育者的意图，它的教育效果就越大。"于是同学们的祝福、愿望、心情、想法……统统地汇集上来，小鹏也写了自己心里的渴望，期待小琛能做自己的朋友，希望在学习上能得到小琛的辅导。

希望交朋友已难能可贵，能主动表露，更得倍加珍惜。这第一个朋友很关键，是关系到小鹏能否融入人群，走向友好的决定性第一步。打开心扉后的小鹏，若能得到小琛的欣然答应，就等于为他送去了第一缕阳光。如此关键的时刻，老师当然得及时出手，于是"在我的极力撮合及全班同学的关注期待下，两个孩子最终成为结对伙伴"。当然，对于小琛来说，与小鹏交朋友分两方面看，一面是被人信任的幸福，另一面与小鹏结成伙伴却是被动的，可能极不愿意，毕竟他会担惊受怕，害怕小鹏会反复无常。所以，"极力撮合"也表明老师的关键作用。对小鹏来说，难得有一个"朋友"，当然会倍加珍惜，滴水之恩当涌泉相报，若一个人能真诚地对待朋友，与朋友交往，那么自然就能获得很多的真朋友。这应了明朝洪应明《菜根谭》中的一句哲理"待人亦厚，处处皆厚"。

任何改变都发自内心。小鹏的改变，正是因为老师运用善意的理解，激活了一个从内心里渴望改变，渴望向善，渴望获得认可的孩子的热情，使他发生了一系列变化，当然最后放下"攻击"，也在情理之中。

16. 另辟蹊径
——应对学生有口难言

不同个性的学生相处时，因为性格的差异，处事方式的不同，会发生一些矛盾冲突。有的学生心直口快，什么事情都喊出来，不计自己是否会伤害到同伴，之后忘得也很快，两天过后什么恩怨情仇全都抛到脑后。而有的学生却完全相反，对同学的评价非常敏感，鸡毛蒜皮的事情放在心上很久都不能释怀，沉积在心中，压得自己喘不过气来，闷闷不乐，满脑子设想如何逃离，逃离这个压抑的环境，逃离这个不开心的地方。

当然性格上的互补，有时也会让他们成为"闺蜜"、"铁杆"，可更多的时候，他们只有矛盾，特别是相处初始，麻烦事会特别多。试想，一个经常口无遮拦，一个总是有口难言，不出问题才怪。可出了问题怎么办？关键是让有口难言的学生把心里话说出来，再让口无遮拦的学生有所感悟。有这样两全其美的应对艺术吗？我们来看看这个案例中的老师是如何解决的。

歌词有云："女孩的心思男孩你别猜。"面对女生的纠结，很是无奈时，作为男老师的我，才真正领悟了这句歌词所表达的含义。开学以来，小琪已经近一个星期以各种理由晚上没有住校了，感冒、咳嗽、怀疑自己感染水痘……她的父母带她去医院却检查不出什么，问她为什么会这样，她的回答只有一句话："我不舒服，我在这儿不舒服。"痛苦的是，没有一个女生知道到底发生了什么事。我试着从最单纯的小瑶那里获得突破，小瑶一脸茫然，好像什么都不知道；找开朗的小杨聊，小杨总是说："没有啊，很好嘛。"

很想酣畅淋漓地与小琪沟通一番，可是她总是"三缄其口"。怎么办？如何能让小琪毫无顾忌地畅谈，解决她的困惑呢？

教师节，我收到了一个学生给我的电子贺卡。何不公布邮箱地址，让大家把想说的话以电子邮件的方式发送过来？也许是感到新鲜，一时间学生非常踊跃。

一天，我在电子邮箱里发现一封署名是"您的学生"的来信，看了这封信的内容，我着实大吃一惊。

老师您好！

　　我有一些事想说，不说我实在受不了。小钟老叫小琪做事，一会儿拿毛巾，一会儿拿鞋子。可我知道小琪心里很不愿意，因为她从来都没有这样指使别人做过事，可又碍于面子不得已。如果小琪速度很慢的话，小钟就会说她很没效率，很差劲。我看小琪是实在受不了了，叫她转学算了，可她说爸爸不让。于是，她就经常找借口回家，来逃避这些事情。老师，希望您能帮她。致礼！

您的学生
9月21日

信件详细介绍了小琪这段时间如此表现的深层次原因，字里行间透露了一种无奈。好了，原因总算找到了，平时嘻嘻哈哈的小钟，她难道真会像信中所讲的那样吗？我脑子忽地闪过一个念头。

"小钟，擦一下黑板。""小钟，去看一下教室的门窗关好了没有。""小钟，去把教室的桌椅整理一下。""小钟，去把作业本端到老师办公桌上。"……这段时间，小钟一个人包办了所有的事，成了班里的"总管"。刚开始的时候，小钟乐滋滋的，跑前跑后喜不自禁，难得老师这么重视我，自己要好好表现。慢慢地，她发现有点不对劲，老师怎么把什么事情推到她一个人的头上，渐渐地，开始有点泄气了。可老师还是一如既往小钟小钟不停地叫。

"老师，您最近有点奇怪，怎么老叫我做事？"小钟也是一个直性子的人。

"老叫你做事，你感觉不好吗？能把自己的感觉说说吗？"我故作不解。

"嗯……是的。您老叫我做事，刚开始还好，现在我好像觉得您有点故意为难我，有的事我不想做，您也让我做，我做不了的事，您也叫我去做。"直爽的人，讲话就是痛快。

"没想到你是这种感觉，老师还以为你喜欢呢。那老师下次注意，好吗？"

"好，谢谢老师。"小钟冲我咧咧嘴准备离开。

"你平时也这样叫过别人帮你做事吗？"我"不经意地"一问，发现小钟似乎有点傻了，笑容有点僵。

"好了，没事了，接下来你和老师一样，在这些方面，也注意一下好吗？"我见小钟笑了，可有点不自然。

过了不久，"您的学生"又发来一封信，表示一切似乎都好了起来，我揪着的一颗心终于放了下来。

小琪慢慢开心了起来，经常能听到她笑出声来，她的一切毛病似乎也都好了。小钟呢，多了一份谦逊，多了一份友好，经常能看她为女同学做事，对别人也多了一份耐心。

一场"秀才遇到兵，有理说不清"的遭遇，何况还是一个连个理都不敢说的"秀才"。怎么办？创设一个让"秀才"把自己心里的憋气、委屈进行合理宣泄的渠道，再让这个"小兵"去体会一次当"秀才"的心情，深刻感悟，反思自我。

提供平台，让学生有话可说

　　学生心中有话无处宣泄，自然就会表现在行动上，学生小琪的理由是"感冒、咳嗽、怀疑自己感染水痘……"一种怀疑自己的表现，心理学上解释为："强迫怀疑性"，总是不断以新的、更加严重的怀疑去替代以前不太严重的怀疑。"她的父母带她去医院却检查不出什么"，可她自己仍旧怀疑，把自己绕进去，然后出不来，好像也不想出来，想到的只有逃避："我不舒服，我在这儿不舒服"，于是不断地回家、回避。可到底发生了什么？老师很着急，谁都说不清楚。小琪为何会如此表现？肯定是有话说不出，而且是别人都有所不知的事情。

　　怎样让学生有话能说？有很多选择，有纸条留言、作文日记、直接告诉老师、通过同学传达等传统方式，也有QQ、博客留言、论坛、电子邮件等新时代通讯工具。老师为什么会选择电子邮件，因为电子邮件具有单向式、隐蔽性强、思考时间长、文字表述更清楚等优点，对于一个不愿意"抛头露面"，不善言语，思考力相对较弱的学生来说，比较合适。终于，学生鼓起勇气给老师写了这么一封信，可能这封信早已写成，在发与不发之间犹豫了许久，最后点击发送的那一刻还后悔了好一阵，自责"告状"，担心老师"泄密"。

　　事情还是说了，所为何事？显然从电子信件上可以看到小钟的一些做法让小琪难以接受，是故意作弄，还是无意为之？因为性格上的差异及处事方式的不同所出现的误会，导致的结果是让小琪陷入了如此的纠结，可小琪又不善于表达自己的真实想法，"近来无限伤心事，谁与话长更"？于是一直压抑着自己，采取了比较消极和极端的方式来应对此事。信是谁写的？以第三人称，一个旁观者的角度来叙述。是小琪最知心的朋友，还是小琪自己？纵观整个过程，其实答案比较明朗，不过，谁写的无需深究，关键是事情终于有了转机。

另辟蹊径，让学生有所感悟

可这是一个很棘手的问题，关键是找不到解决问题的切入点。找小琪，肯定问不出什么；找小钟，一个嘻嘻哈哈的人，那些细节早就抛在脑后；找其他女生，把这封信内容泄露？势必掀起"轩然大波"，到时不仅不能解决小琪的问题，还会让小琪受到更大的伤害。

一个性格外向，凡事"马大哈"的人，若没有切身的经历，是不会产生深刻感悟的。那么老师的应对方法是什么？是"以其人之道，还治其人之身"，既然小钟喜欢指使别人做事，那就让她也体验一下"被人指使"的感受，当然这个必须以呵护她心灵，保护她自尊作为前提。于是，精彩的序幕就此拉开，老师小钟小钟叫得亲热得很，什么擦黑板，拿作业本，该她干的不该她干的，她干得了的干不了的，全让她一个人去"包干儿"。刚刚开始，她自然很高兴，喜滋滋地跑前跑后，老师这么"重视"我，我得全力以赴。不可否认，老师喜欢让他们做事的学生，一般都是老师的"最爱"，凡能受到老师"吩咐"的学生，都自感无比荣耀。可一段时间过去，不知是同学的提醒还是自己发现，小钟开始觉得有点不对，怎么老师总叫我一个人？又一段时间过去，怎么不管我能不能完成，不管我愿不愿意，老师都让我去呢？小钟的心里隐隐约约地感觉，看来真的有问题，而且有点大，我得去问问老师。

心有感触，必须要有所启发，挖掘内心的感悟，使之产生共鸣，产生碰撞，这样的认识才会深刻。事件到此为止，小钟的心里只是一个尚未明朗的感觉，接下来的问题是，如何达成共鸣，让小钟真正感悟到原来自己的那些不经意的举动竟然也会伤害别人。

达成理解，让学生开心起来

小钟就是小钟，她不是小琪，不会把什么事情都放在心里，不管对方是谁，心直口快是她的性格，挡不住的。老师也正是看准了她这样的性格，才有了针对性的措施，现在好了，小钟终于熬不住了，老师也正等着呢。整个师生的对话过程非常有趣，学生愤愤难平，老师却"丝毫不知内情"，导致学生的情绪到达了"老师故意为难我"的高点。接着老师开始表达并承认自己的"不是"和工作的"失误"，原来没有顾及你的"感受"，并且表示了"歉意"和今后注意。学生呢，"微笑地点了一下头"。唉，胜利了！正准备打扫"战场"，收拾胜利成果离开，老师"不经意地"一问让她彻底傻眼："你平时也这样吗？"怎么，有吗？我怎么没注意到？好像自己平时就是这样呀！叫叫这个，使唤那个，今天小琪，明天小娜，好像自己就从来没有考虑到别人是否愿意，这种感觉并不好，再想想，还真有这事。"似乎有点傻了，笑容有点僵"，这是小钟思考过程的真实写照。

好了，到此为止。继续追问就会适得其反，特别是细节的追究会因为些许偏差导致学生的不认同，所有的感悟会因为些许羞耻而转化为一种愤怒，使之前的所有努力成为泡影。学生已经"无地自容"，老师没有必要继续，"好了，没事了，接下来你和老师一样，在这些方面也注意一下好吗？"对了，老师也会犯同样的错误，既然老师真诚地悔改了，那我呢，是否也应该这样？"我见小钟笑了，可有点不自然"，心里激烈的斗争应该一直没有停，我们有理由相信，她转身的一瞬，就是深刻感悟的一刻，一个彻底改变即将开始。所以，教育就是一个相互理解、相互体谅、相互改进的过程，一个老师如果能把自己和学生放在一起，去感知学生，去体会学生，这样就能让学生有同样的感觉。

小钟的变化，让"您的学生"有了敏锐的感知，他感到自己不再孤单，发现自己有一个强大的后盾。那么，解开心结，平息心绪，心里有底气的学生自然会"慢慢开心了起来"。深刻感悟的小钟，在感激老师"用心良苦"的同时，"多了一份谦逊，多了一份友好"也自然得见。

提供平台，提供一个"呐喊"的旷野，让那些"此情无计可消除"之事，从学生内心宣泄出来，让他们的呼声传播。另辟蹊径，像是一面镜子，通过反射看到自己脸上的痕迹，方便自己擦拭干净。达成理解更像一束阳光，照亮每一个人偏僻的内心角落，让心亮堂起来。

17. 走出自己
——应对学生不善交际

班里有时会有这样的学生，性格孤僻，多愁善感，课间的时候一个人孤孤单单，害怕交往，不敢与同学说话，遇事表现无助，动不动就哭泣流泪。上课精神恍惚，经常云里雾里，老师提问时，他会傻傻地站着，一问三不知。面对这样的学生老师往往会很生气，生气他竟然在课堂上"横眉冷对"，生气他上课开小差，生气他小小年纪就如此封闭自己。

什么原因让学生如此自我封闭，害怕同学，害怕老师，甚至害怕别人对他的关心？原因自然多种多样，可分析起来，其实也简单。这样的学生，其内向的性格和平平的智力决定了现在的状况。他们往往不会主动与同学交往，不善于处理同学之间的关系，自然就得不到同学的欢迎和关注，久而久之，与同学们会渐行渐远，关系越发冷淡。当然也不会受到老师的重视，成绩平平，在课堂上的表现乏善可陈，偶尔被老师提问，也会因为没有充分准备的笨拙表达受到同学的嘲笑和老师无奈的摇头。课间会迅速消失在人群之中，远离人群的视线，孤独感油然而生，孤僻性格渐渐形成。让这样的学生融入集体，能与同学正常地进行交往，与同学打成一片，感受集体的温暖，是我们老师最紧迫的任务，这比让他出色地完成学习任务更为重要。

小庆，一个孤独的小男生，课间好像从来都不和同学一起玩。要么就呆呆地在座位上发愣，要么就不知踪影；课堂上，他时常精神恍惚，偶尔向他提一个问题，他会不知所措地站在那儿；生活上，他却出乎意料地经常在半夜里起来在寝室唱歌跳舞，有时会帮助同学拿衣服、晒被子、洗袜子、拖地板……

我表扬他助人为乐，他一脸茫然。后来通过了解，发现小庆的"半夜跳舞"和"帮助同学"，其实是同寝室同学有意为之的所谓"玩笑"。

为了能让他走入人群，我不断安排学生跟他结成"好朋友"，平时什么活动经常带上他，邀请他，可是他的不断退缩也让同学们对他失望并逐渐将他遗忘。

课间，我仍然看见他一个人呆呆地坐着，这也让我很是无奈。

一次，几个学生把小庆的日记本抢了过来，"邀功"似的拿给我看。只见日记本上写了一行字："星期一：林老师好，其他老师好，同学不好；星期五：林老师不好，其他老师不好，同学好；星期三：林老师、其他老师好，同学不好；星期一：林老师好，其他老师不好，同学不好……"我看日记时，小庆只是傻傻地站着，而其他学生们则很好奇。

"好，能有这种表达，老师很赞赏。谢谢小庆同学对老师的评价，这么些日子以来，只有一次不好，对老师的评价很高。不过，如果能把'好'和'不好'的原因写出来，就更好了。老师希望你能坚持写下去，好吗？"远远的，小庆点了点头。我把日记本还给小庆，他的神情一下子就放松了。

小庆的日记提醒了我释放心情的重要性。于是，我建议小庆尽量多记好的事，"暗示"小庆不断去发现真善美。为此，我还安排了一节"帮助了你，快乐了我"的主题班会课。一段时间后，我发现帮助小庆的人开始多起来，也发现小庆能主动帮助别人了。

在一次轻松的作业辅导后，我表扬他："最近，老师听说你会经常帮助同学们做事了，是吗？"

小庆笑了一下。

"你会继续这样做的，对吗？"

"对。"

"听说你帮助小东同学洗袜子了，是吗？"

"是的。"

103

"是他叫你帮忙的吗？"

"不是，是我主动帮忙的。"

"真的？"

"是真的，因为小东同学前一段时间也帮我洗袜子了。"

"嗯，看来你现在有朋友了？"

小庆看了我一眼，欲言又止。

"平时有没有哪位同学经常帮助你，经常和你一起玩？"小庆犹豫了一下，最后还是摇了摇头。

"做好三件事，能让你交上很多朋友，你想试试吗？"小庆用力地点了点头。

"第一件事就是主动跟同学们打招呼，也可以对他们微笑或者主动叫他们的名字，这些你能做到吧？"

小庆肯定地点了点头说："能！"

过了一周，我问小庆："你跟同学们打招呼时，同学们有什么反应呀？"

"他们也跟我打招呼了，也对我微笑了。"

"接下来第二件事，你每天下课后主动找人说话，话越多越好，人越多越好，上课回答问题也算。不过，可要遵守宿舍纪律噢！"

"老师，我不会在寝室乱讲话的，您放心。"小庆开心地笑了。

又过了一周，看到同学们玩在一起，小庆仍一个人待在旁边。我悄悄地说："小庆，第三件事是在做好前两件事的前提下，每天邀请一个人参加自己的活动，或者主动参与同学们的活动。你看，现在你就可以去了。"我指了指热闹的人群，小庆若有所悟地点了点头，起身走向了人群。

渐渐地，小庆能和同学们玩在一起了，有时也开心地笑出声来。

学生小庆有点自我封闭，由于胆怯及课堂上的异常表现，不幸成了同学们的"玩笑"对象，逐渐形成了他对老师、同学不信任、冷漠、逃避、不合作的态度。

缺乏信任，封闭自我

信任是良好沟通的开始，信任也是交往的保证，有交往才有朋友，有朋友才会走入人群。小庆为什么会拒绝一切，不管是老师还是同学都不能很好地走近他，与他建立良好的沟通？很大原因在于他的胆怯，致使他没有任何朋友，任何一个学生哪怕只要有半个朋友，说说自己的心里话，透露一下自己的心情，也完全有希望打开他的心扉，让他走入人群。可是小庆没有，课间他只能一个人"呆呆地坐在位置上"。为什么会有如此遭遇？我们再回到课堂，由于课堂上总是恍恍惚惚，不知所措，得不到老师的好感和表扬，受到了同学们的嘲笑。这种嘲笑自然会延续到课后，于是出现了同学们跟他开"玩笑"，要求他"帮助同学"晒被子、洗袜子什么的，甚至要求他"半夜跳舞"让大家娱乐娱乐。对小庆来说，这显然是一种"侮辱性"的玩笑，因为自尊心屡屡受挫，挫折感不断积累，羞耻感和屈辱感不断增加，逐渐导致他对同学越来越不信任。最后，他拒绝同学，封闭自我。

安排学生进行"友谊的落实"，能让小庆走入人群吗？这里的答案是不能。因为小庆不是初来乍到没有朋友，而是因被同学不断嘲笑而不断退缩的问题。这是问题的纠结点，是小庆封闭自我的根本原因。所以，要想让小庆走向人群，必须先取得小庆的信任，还要首先从老师开始，老师必须介入，更多地去呵护他，保护他，取得他的信任，只有这样，师生才能建立和谐关系、信任关系，给其他学生以示范、以榜样，才能使小庆走出自我。正如苏霍姆林斯基说的那样："为了使师生之间的友好、亲切和善意的关系经常保持和谐，教师必须十分珍惜儿童对自己的信任，应该成为儿童所爱戴的、聪明的保护人。"

看见善意，走出自己

任何信任关系都很微妙，它的建立需要一个长期的过程，而瓦解却只在瞬间，而且很难恢复。对于学生来说，老师的任何一举一动、一言一行，都能成为他判断这个老师能否与自己建立信任的标准。有的学生大大咧咧，毫不在意，恩怨情仇丢到脑后，这会儿被老师骂回去，等会儿又嘻嘻哈哈地走过来；而有学生却非常敏感，星星点点地汇集，从而作出综合的判断。小庆就是这样，他的方式很有意思，通过日记来表达："星期一：林老师好，其他老师好，同学不好；……"同学们都觉得很好奇，"邀功"似的抢过来给老师。这时老师的做法很重要，值得慎重思考。还好，老师向小庆释放了一个友好的信号，不仅给予肯定，而且还鼓励他继续完善自己的"评价日记"，多多发现并记录"真善美"。此时小庆的心情会一下子释然，也会蓦然发现，原来老师还是那么好，可是同学们照样不是很友好。

为什么同学还是那么不好？当然是这次"抢日记"事件，坚定了小庆的这么一个认识，同学们总是拿我开玩笑，而且不管我是不是喜欢。老师发现了这一点，之后针对性地召开了"帮助了你，快乐了我"的主题班会，这非常重要，不仅提示学生帮助他人的重要性，更能引导学生认识到只有帮助他人才能获得快乐，教育学生远离以伤害他人为代价的"玩笑"，让更多的人去帮助小庆；同时让小庆获得他人帮助的快乐，看见同学们的善意，也促使他更有动力地去帮助别人，去体会人情的温暖和自我存在的价值，升华自我认可感，从而走出自己。

学会招呼，走向人群

害怕与人交往的人，总是认为别人都是不可亲近和交流的，不相信他人，自我防范的心理过强。长此以往，也就逐渐形成逃避现实、离群索居的孤僻性格和谨小慎微、容忍退让的懦弱性格。案例中的小庆，现在虽然得到了同学的帮助，但是要想让他走入人群，必须帮助他建立起自己的交际圈，而伙伴圈的建立恰恰是小庆的弱点，长期"孤家寡人"的生活状态，也让小庆失去了交往的勇气、技能和乐趣。

当然，人际交往的关键点就是主动热情，试想，谁会拒绝热情呢？于是，老师进行了精心设计，让小庆走入人群正常交往的三部曲：一是主动打招呼，这是最简单的开始，微笑、点头、叫同学的名字，一个全新的小庆出现在了同学们面前，大家理所当然地回应着。这时小庆有了一种"忽如一夜春风来，千树万树梨花开"的感觉，没想到同学们也是很友好的，自己过去怎么没有发现呢？这种美好的感觉，会持续很长一段时间，也开启了小庆走向与人交往的第一步；二是主动讲话，老师让小庆多讲话，也多听别人讲话，越多越好，不可忽视的是，每一个人都有自己的心里话，有自己的想法，当你的话受到别人重视的时候，你就会把对方视为"知己"，多讲话，敞开心扉传递自己的思想，这样别人也会毫无保留地跟你多交流，自己也会得到多听别人讲话的机会，自然就有人找你；三是主动走入人群，这是关键点，也是最终目的，任何一个交往团体的组成，都是自愿和主动的。不要压抑自己发自内心的冲动，主动邀请别人来活动，主动参与他人的活动，渐渐地大家就离不开你了，渐渐就可喜地看到，"小庆能和同学玩在一起了，有时也开心地笑出声来"。

每一个人都渴望交往，渴望有人走近他。一个不善交际、内心孤独的学生，更是如此。所以，应大方地走向他，号召大家帮助他，让他看到别人的善意，激活内心的渴望，帮助他走出自己，学会主动走向人群，学会交往。这个过程更可以让学生学会拥有豁达的心胸，掌握做人的道理，体恤他人的情怀。这样，将来他即使一事无成，也能成为一个心中有爱的人，一个善于交往的人。

18. 坐下说话
——应对学生激动情绪

有这样的一类学生，看上去很"老实"，"场面"上的话不多，讲两句会面红耳赤，平时在班里默默无闻，成绩、工作都不是很出色。私底下，由于他们待人诚恳，踏踏实实地为同学做事，为班集体工作，默默地贡献着自己微薄的力量，不计得失，而受到大家的欢迎。可他们若出现情绪波动，那就异常暴躁，倔强而难以协调，而且不看对象，不计后果，让你不敢相信，甚至大感意外。

像这种真性情的学生，若不是"天大的冤枉"，是不会有"不鸣则已，一鸣惊人"的反应的。作为老师，碰上这样的学生，事实上也是一种福气，他们比较容易相处，也很"听话"，更容易满足，属于那种"给一点阳光就灿烂"的学生；也属于那种"逆来顺受"，很容易让步的学生，甚至我们有时候还可以"忽视"他们。可要是在某个关键节点上侵犯了他们的利益，刺激到他们的情绪，点燃他们的怒火，或者让他们下不来台，那么他们就会"六亲不认"，一杠到底。

门外非常热闹，一阵喧哗自远而近，陈老师把我班的小成拽进了办公室，后面跟着一群看热闹的学生，指指点点，不断起哄。两人都气喘吁吁，一脸怒气，我急忙迎上去，陈老师一阵抢白之后，我大致了解了情况。

原来，小成和一个低年级学生发生了冲突，五分钟内两次欺负那个小孩，还不知悔改。

我感谢陈老师的教育，送他离开。只见小成一脸愤怒，胸膛不断起伏着，似乎有一肚子话。我关上门，拉上窗帘，让小成坐下，看他情绪难平，倒了一杯水给他，他感激地看了我一眼，一饮而尽。

我到门外，叫来几个学生大致了解了一下情况，然后让他们全部回教室。

等了几分钟，见小成平静了，我问："还要水吗？"小成诧异了一下，摇了摇头，喏喏地说："谢谢老师，不用了。"

见他开口，我觉得可以深入沟通了。小成断断续续地把来龙去脉说了一遍，跟我向几个学生了解的情况差不多。

一个低年级学生在操场跑道旁的沙坑边沿垒起了一个沙人，小成和同学在跑步练习，有人推了一下小成，失去重心的小成一脚踩中"沙人"。小成急于找到推了他的人，"不经意地"跑开了。那个低年级学生认为小成故意弄坏了他的"劳动成果"，上前抓住小成不放。这时值日的陈老师发现了，认为小成欺负低年级学生，批评了小成。小成接受批评，离开了。过了一会儿，那低年级学生抓了一把沙子，朝小成撒来，小成上去理论，对方认为小成刚才承认错误不诚恳，没有道歉，来"教训"一下，小成采取了回击。这最后一幕又正好被陈老师看见，他狠狠地批评了小成，由于对陈老师的批评不服，小成就被拽到这儿来了。

"原来如此，看来你不服老师的批评有充分理由喽？"我说。小成赶紧点了点头。

"那你觉得陈老师为什么批评你？"我得让小成理解陈老师的行为。

"不知道，我没错！"小成还是有些情绪。

"你先回忆一下，值日老师出现的时间，你在干什么？"我要引导小成看清节点和问题所在。

"好像……都在抓住那个同学。"小成似乎掠过一丝不安。

"你觉得，当你抓住一个低年级学生时，值日老师会先批评谁？"被我这么一问，小成愣了一下，幽幽地说："应该是我，我大一些。可老师也该问问原因，我也不能被低年级的学生欺负呀！"

"你解释了吗？老师听清楚了吗？"

109

小成一阵沉默，半晌嘟囔了一句："当时我的情绪也很激动，没有说清楚。可老师也该先听我把话说完。"

"好了，现在你也把事情说清楚了，老师也听清楚了，你回忆一下，这个过程到底是哪里出了问题？为什么会弄成现在这样的局面？接下来你觉得应该怎么办？"我不再纠缠细节，把问题抛给了小成，让他从中反思，做好善后。

小成进行很多避免事件发生的假设，特别提到了自己不该向值日老师发脾气，而应该等老师批评完了，再把事情讲清楚。最后，提出应该主动去向值日老师解释、道歉，顺便去跟那个低年级学生握个手。

我表示支持他的想法。自此以后，小成遇事冷静了很多。

面对学生的错误时，很多老师会凭直觉处理事情，其实有时"眼见不一定为实"，就像案例中，值日老师看到的只是一个片段，结果被自己的眼睛欺骗了。有的老师遇上学生犯错，很不耐烦，不等学生给出解释，就凭借自己的意愿和经验来断定。这样就容易出现一些不冷静的处理，甚至令事态严重化，确实该引起老师的警觉。案例中的老师，没有过多的技巧，面对情绪激动的学生，做了一件不一样的事，让学生坐下，效果却异常明显。

坐下，放松心情

犯错的学生普遍有这样的心理，反正已经错了，再多一点无所谓，再大一点也不在乎，这就是所谓"破罐"心理。可他们的抵触情绪和逆反心理，并不是一开始就有，开始是想着如何去补救，把"损失"降到最低。可是往往事与愿违，对方不肯"妥协"，老师参与后的错误理解导致了糟糕的结果。所以，学生激动的情绪，师生不可调节的糟糕局面，很多时候是老师的错误教育行为造成的。因此，穆尼尔·纳素夫在《愿你生活更美好》一书中提醒大家："孩子犯错的时候不要埋怨他们，也不要奚落他们，应该帮助他们从失败走向胜利，帮助他们找到光明，特别是在他们迷茫、不知所措的时候。"

当学生的情绪被点燃，如何让他们冷静下来呢？最好的办法是众所周知的"冷处理"，等学生激动的情绪冷静下来，再实施教育。案例提供了一个方法，让学生坐下，再喝一口水，这个方法很巧妙，显而易见，学生"感激地看了我一眼"。在此之前，老师还做了一件事，关上门，拉上窗帘，为什么要这样？一来尽量排除干扰，给学生营造一个冷静的空间，避免受到外面学生情绪的影响；二来也为老师到外边进行情况摸底提供了方便，可谓一举两得。

坐下，即放松。站在外面吵了那么久，全身的各条神经细胞都紧绷起来，实在累了，现在终于可以休息了，松弛下来后，就能获得一种安全感。我们看到的吵架都是一蹴而就，一时情绪激动，上去干一仗完事，所谓"一鼓作气"；拉回来，休息一会，再去打一架试试，相信会缓和很多，这是"再而衰"；若坐下来，然后喝口水，还吵得起来吗？不会了，"三而竭"了，坐着想到的就都是后悔了。

坐下，享受尊重

学生犯错原因往往很复杂，在未能深入了解学生犯错原因的情况下批评学生，很容易造成学生的对抗，达不到教育效果。小成是个典型的"老实"学生，不小心犯了错误，面对低年级学生的责难，面对老师的批评，第一次他"忍了"下来。第二次，他不再沉默，选择了"反击"，不巧的是，他的"反击"又被值日老师撞见，引起了误解。由于没把前因后果表述清楚，值日老师没有理解他的行为，给了他严厉的批评，小成感到异常委屈，就不计后果地采用了对抗方式。为什么会发生这样的事情？透视过程，发现一个怪现象，一个低年级学生为何这般"大胆"，在事件已经平息的情况下，仅仅因为"刚才承认错误不诚恳，没有道歉"，就抓了一把沙子撒来，来"教训"一下，如此肆意挑逗，究竟何故？答案是狐假虎威。因为他看到值日老师还在现场，并且发现值日老师站在他这一边，在有人撑腰的心态作祟下，采取了"以小博大"行动。不得不承认，每一个肆无忌惮行为的背后，都有"仗势欺人"的心理在作祟。

得不到尊重的小成愤怒到极点，并在瞬间爆发，也不管对方是不是老师，那个低年级学生一看小成的阵势被吓坏了，本以为是个"软柿子"，没想到是个"火童子"。值日老师觉得众目睽睽之下，学生小成"屡教不改"，如此不尊重老师还得了，师道尊严何在？而学生小成却认为，在如此众多同伴关注下，被一个"小屁孩"欺负，颜面何存，值日老师又那么偏心，如何忍受？就此，两个人激烈争吵的产生就不可避免了。

由此可见，学生的"犟牛"大多是因为得不到尊重的发泄，或是在大庭广众之下的逞强。当拉上窗帘，关上门后，同学们都"不在"了，老师更平易近人，就可以一述心中的积郁，尽情倾诉。学生心理反转后，就会产生一泄心中之郁闷的想法，一种不吐不快的冲动。

坐下，即尊重。要挖掘学生的所思所想，靠强硬的方式往往效果不佳，"严刑拷问"咬出的那一点东西，既不全面，也不真实。教育是心与心的碰撞，是与学生"交心"的活动，交心自然要先尊重，尊重从学生坐下开始。

坐下，自我纠错

在学生痛快地倾诉之后，老师开始引导学生"看见"自己的错误，从哪里开始？老师的形象必须维护，要引导学生理解老师的行为，这很重要。所以，要先引导学生看清值日老师为什么会批评他，先同理，引起学生共鸣，然后问了三个问题：为什么批评？什么时候批评？批评什么？引导学生站在老师的立场看清问题所在。当然学生有自己的理解，认为老师没问原因，是不对的，在这点上，引导的老师无需取得压倒性的胜利，学生能看清值日老师为什么这样就可以了，点到为止，学生需要尊严，也得为自己的表现辩解。因此，老师在处理学生问题时，不能过多地纠缠细节，而是要把握好方向，很多地方无需老师多说，学生自会感悟。

对学生纠错，挖掘学生发自内心的感悟，才会有真正的进步。案例中，老师还是提了三个问题：哪里出问题？为什么会这样？接下来该怎么办？把问题抛给了学生，让他通过自我反思自行解决。这样小成才进行了多种避免事件发生的假设，通过假设明白了自己哪些是该做的，哪些是不该做的，什么时候该做什么。最后恍然悔悟，自己现在该先主动去向值日老师解释、道歉，当然针对值日老师的不明理行为，不排除事后的老师间交流。可以看到，学生能产生这样的反思，教育才是有效的、深刻的，能让学生真正从中吸取教训，才是一个能让学生得到真正成长的自我纠错过程。

让学生坐下，学生自会有强烈的被尊重感，自然能体会教育者的良苦用心，自然会"亲师信道"。面对犯错误的学生，不管他们如何情绪激动，我们务必要本着爱护学生、尊重学生的态度，启迪他们自我纠错，帮助他们走出困境，真正实现"以人为本的和谐教育"。呵护心灵的纠错，自然从让学生坐下开始。

艺术应对学生的成长困惑

19. 顺势而为
——应对学生爱好痴迷

爱好，谁都会有，只不过有多寡之分，程度之差，更有雅俗之别。不管哪种爱好，其形成都深受教育及成长环境的影响。爱好从娃娃抓起，让孩子有一技之能是每一个家长的期盼。一个高雅的爱好，能使人富有超凡脱俗之气，灵秀飘逸之风，更能给人的生活带来美好享受和愉悦满足。若学生有了一个不良爱好而且还很痴迷，甚至深陷而不能自拔，这样不仅严重影响和干扰学习，更会影响身心健康。

一般称为良好的爱好，都是需要长期艰苦淬炼才能收获，"经历风雨，才见彩虹"，如艺术、体育等。可是一个不良爱好的养成，却非常方便，不学即会，无需付出多少脑力和毅力，顺手拈来，如游戏、赌博等。正确对待并引导学生的不良爱好，让学生走出"痴迷"，相信是每一位家长、每一位老师都最渴望做好的事情。

最近，小翔迷上玩纸牌。课间，在他的招呼下，三五成群的学生围在桌旁，蹲在地上，楼梯口、厕所边也常见到他们的身影。上课时也经常看见他拿出纸牌偷偷整理，点点张数，吹吹灰尘。

我提醒几次后，见效果不佳，干脆禁止玩牌，没收纸牌。可小翔又买了很多纸牌，偷偷地分给同学。这样一来，那些学生就铁杆似地跟定小翔，而且不再公开，转入"地下"。小翔呢，还是那样，上课恍恍惚惚，作业潦草交差，下课不见踪影。

小翔玩得风生水起，三国游戏卡、斗龙币等，无所不玩。

我跟他沟通了很多次，可小翔都说自己没再玩，那些铁杆的口径也出奇一致。若想人不知，除非己莫"玩"，一天在小阁楼门口，小翔他们大汗淋漓地在玩牌，并以斗龙币当赌注。看见我的到来，他们个个神情紧张，带他们来到办公室后，我默默地拿出他们的作业本，进行了一一批改，看到每一次打叉，小翔的脸似乎都抽动一下。

在改好作业并做了下次一定认真写作业的保证后，小翔似乎松了一口气，我继续批改作业，小翔等了一会儿，见我还是没有停止的意思，几次欲言又止。

"老师，这次玩牌怎么办？"小翔忍不住问。

"哦，那你先说说该怎么办吧。"我抬头看着小翔。

"嗯……要不再给一次机会？"小翔试探着。

"这机会也太多了，你觉得有必要再给吗？"我否定了小翔的想法。

"那我们保证不再玩，给您写保证书，怎么样？"

"算了吧，你的保证书，老师也见识过，可好像没效果。"我再度质疑。

一时间，小翔似乎陷入困境，看他急躁不安的样子，我继续改着作业。就这样，小翔一言，我一搭语，直到作业改完，在这么多的时间里，我否定了小翔的所有设想，小翔似乎有点绝望。

"想知道老师的想法吗？"

"想，想，老师不管您有什么想法，我们都答应。"小翔很是急切。

"扑克牌，你们可以继续玩。"我的话，着实吓了小翔一跳。

"老师，您不要再开玩笑了好不好，您说说我们该怎么做。"小翔以为我在作弄他。

"是真的，老师没有骗你们。"我肯定了刚才那一句话，"你们可以用扑克牌来练习算二十四点，这样你们可以光明正大地玩，不需要偷偷摸摸。"

"啊，真的？那太好了。"小翔很是兴奋。

"不过，你们只能练习二十四点，玩其他的都不行，清楚了？"我强调着。

"老师真好，我们保证能做到，您放心好了。"离开办公室，我发现他们发出了"耶耶"的欢呼声。

此后的课间，经常看到小翔他们的身影，围在桌旁在起劲地算着二十四点，拍掌声和脱口而出的口算声，吸引着越来越多同学的加入。

小翔的口算能力越来越强，作业开始出色起来，课堂上的精彩发言也经常博得同学们的掌声。

期末前，在学校举行的"二十四点"比赛中，小翔不仅拿了全班冠军，更拿了全年级的冠军，在全校无级别组的比赛中，他沉着表现，出色地发挥出了水平，获得了全校冠军。

一个醉心于玩牌的学生，刚刚开始不管老师采用什么方法，始终没有办法把他拉回"正轨"，作业马虎应对，上课无精打采，学习成绩一降再降。后来，却出乎意料地发生了改变，学习进步，还荣获了"二十四点"比赛冠军。为何如此神奇？什么方法促使这个学生走上进步的道路？答案是顺势而为。

沉迷玩牌，痴心不改

牌友们都知道，若有人信誓旦旦地说"我再玩牌，就把手指给剁了"，大家都会一笑了之，并伴有"好啊，我们等着呢"等讥讽。诸如剁手指的事，大多不会发生，即使真有这样的傻瓜出现，也革除不了他玩牌的恶习。这说明什么？一旦对某种爱好产生了痴迷，"九头牛"都拉不回来。对一个痴迷者来说，痛苦总相随，工作无心投入，学习无法专心，满脑子不由自主地浮现参加活动时的情境，反思失误，总结得失；时而会伴随一种愉悦感，总在期待那个时间的到来，展望美好的结局，抑制不住兴奋之情，毫不顾忌，犹如无他地参与。

一个痴迷玩牌的学生，什么三国游戏卡、斗龙币，玩得风生水起，下课急着玩，上课想着玩，显而易见影响学习，影响生活。在如何拉他回头的方法上，老师可谓伤透脑筋，像大多数的老师一样，禁止、没收、批评各种教育方式用了个遍，可还是扭转不了小翔的"痴心不改"，反而逼迫他转入"地下"，更加隐蔽，更难发现。

继续查问，毫无结果，"铁杆"们与小翔站在了统一战线，"同仇敌忾"，一致对外，把老师蒙得严严实实的，毫无破绽。无论老师跟他如何沟通，"小翔都说自己没再玩"。自己玩得着迷，拖着一帮人"下水"。如此痴迷，如此执著，真是"一日不玩兮，思之如狂"，于是"上课恍恍惚惚，作业潦草交差"，让老师很是无奈。

恍然而悟，顺势而为

当老师铁了心，自然跟踪到底，彻底追查。一次小翔他们躲在小阁楼门口，大汗淋漓地玩牌，直到老师出现才"神情紧张"。可以得见，任何失去监督的地方，都容易出一些最"难得见光"的事情。这里老师首先得为自己的错误行为进行反思，简单的制止和没收行为，堵塞了学生正常玩的空间，学生认识并没有提高，他们不明白老师为何如此？老师禁止了，可又压抑不了自己冲动的时候，只有另谋出路。所以，简单禁止的方法等于逼迫学生的行为更加隐蔽，在"山高皇帝远"的地方做出任何"惊天动地"的事，也就没有什么值得大惊小怪的了。

看见学生如此，老师出奇地冷静，深深地反思，"默默地拿出他们的作业本"。没有批评，没有大发雷霆，为什么？因为老师没有思考好对策，一个万全之策，无奈之下，先完成作业的批改任务，一来给自己多一些思考的时间，二来也给这群学生营造一个捉摸不透的氛围，让他们"透不过气"来，心里"七上八下"，为自己的错误做深刻的自我反思。在这段时间里，学生在做最坏打算。还好，老师只是让他们改正作业，于是他们觉得该用最认真的态度去完成，这样老师就有可能从宽处理。这时学生的作业改正效果也是最好的，所做的"保证"也是最真诚的。当然，事情还没完，关键是如何引导他们回归正途。利用批改作业的这段时间，老师想通了，恍然大悟了。

顺势而为，既然学生喜欢玩牌，而且痴迷，为何不顺势让他玩，往好的方面引导，算"二十四点"，玩学校比赛的"正规"游戏项目。不过，不能轻率地给出，必须让学生经历一个过程，让学生感觉能玩"二十四点"是来之不易的过程。物以稀为贵，得来容易的东西，往往不会珍惜，不易，才珍贵。小翔似乎陷入困境，急躁不安，"我否定了小翔的所有设想，小翔有点绝望"，这显然是老师创设的一个情景。当学生感到"山穷水尽疑无路"的时候，老师说"扑克牌，你们可以继续玩"，学生又何尝不吓了一大跳，以为老师作弄他呢。当老师给出最终答案"用扑克牌来练习算二十四点"，学生如何不欣喜若狂，原来"柳暗花明又一村"。

一往情深，收获出色

"滴水之恩，当涌泉相报"，老师一没有批评，二没有责怪，还让我们光明正大地玩牌，感激呀，小翔真情流露，不禁"耶耶"的欢呼。玩"二十四点"，怎么我们以前没有想到呢？不是没有想到，"二十四点"大家都可以正大光明玩，不刺激，以前不屑一顾，而去寻求那些"旁门左道"，来凸显自己的"与众不同"。现在不行了，自己做了一件"大坏事",把继续玩牌的路给堵上了,可是不玩哪能熬得住,只能退而求其次,玩玩"二十四点"也不错。对于一个痴迷得有点上瘾的人来说,一下子杜绝他们去碰,是不可能的事情,最好的方法是避重就轻,慢慢来,一种带有转移性的自控法。凯利·麦格尼格尔在《自控力》一书中提到把"我要做"变成"我不要"是极其困难的,如果进行转移变成"我想要",就容易得多。对于小翔这个痴迷玩牌的人来说,从不计后果的"我要做"偷偷玩牌,到要求他"我不要"玩牌是极其困难的,如果让他变成"我想要"玩"二十四点"去拿冠军,这就能够行得通。

　　容易痴迷的学生,不管做任何感兴趣的事情,都能十分投入,甚至一往情深,小翔也是这样,把所有的业余时间都用来算"二十四点",小翔本就是一个极具带动性的学生,他的热忱自然也吸引着更多同学的加入。于是在课间,大家围在桌旁,光明正大地进行训练,不再偷偷摸摸地蹲在地上,或躲在楼梯口、厕所边。一分投入,一分耕耘,自然一分收获。勤能补拙,何况小翔是一个聪明的学生,加上他的兴趣和痴迷,口算能力越来越强自在情理之中,崭露头角也让他获得了一种愉悦感,作业出色了,发言精彩了也就自然得见。当小翔成为一个"技能功巧者"时,最后拿到"冠军"也就水到渠成了。

　　顺势而为,在于能够顺势引导学生的爱好,变学生的"我不要"为"我想要",避短就长,引拙成巧,让学生继续发挥自己的特长,获得更为令人惊喜的成长。

20. 剑走偏锋

——应对学生奇装怪发

奇装怪发，在现代校园中渐渐多了起来，这似乎成为学生凸显不同、引领风潮、时尚的有效办法。孩提时代，大人们有意为之的操弄，给留个西瓜头、弄根小辫子、烫花哨发什么的，有风俗意味，也有刻意成分，孩子本是被动接受，渐渐却"臭美"起来。随着孩子的成长，自我追逐时尚渐渐显露主动，由于对孩子成长的担忧和升学的压力，此时的父母不再有闲情雅致，反对意愿逐渐显现。

学生并不是孤立的，报纸杂志、电视网络、人际交往等可以让学生充分了解社会，紧跟风尚潮流的新奇步伐。社会上的风吹草动，都可从学生身上嗅得"蛛丝马迹"，各种稀奇古怪的想法和做法，让家长、老师大呼意外。在平时与学生的相处中，"跟不上时代"、"不理解时尚"的教育行为屡屡出现，招致学生反对甚至抵制。其实，并不是老师有多么"古板落后"，"不解风情"，而是教育职责所在。学校教育承载着家庭的希望、社会的嘱托，更有对未来负责的重任。"守一方净土，育桃李芬芳"是社会对我们教育的要求，不管社会风气如何，都要求我们能对学生进行正面的、高尚的教育，让学生纯真向上，行端姿正，并且还能通过"小手牵大手"去情牵家庭，影响社会。

"老师，你快过来看小军。"学生小民跑来，笑得很是神秘。

我疑惑地问："小军怎么啦？"

"老师，你看小军。"小阳也跑来，奇奇怪怪地咧咧嘴。

我急忙到教室，见一群学生正围着小军叽叽喳喳的，见我过来，又急忙向我围了过来，"老师您看，小军的头发！"一眼望去，我被吓了一跳，原来小军弄了一个全新的"爆炸头"，就是怒发冲冠、毛发根根翘起来的那种。这样的发型在中学男生中常见，可一个小学六年级的学生弄了这样一个发型，简直就是一个"爆炸性"事件。过去小军的头发就有点长，每次休假回家前我都会提醒他回去修短一点，可他就口头答应，没有付诸行动。这次竟然弄了一个爆炸头，这还得了，我火冒三丈，心里想这小军也太无法无天了！可我一看，多数学生竟然露出了羡慕的眼神，而小军呢，也是一脸的得意。就此批评小军或大发雷霆能起到教育效果吗？会不会把小军推到自己对立面的同时，也失去许多学生的支持呢？

先忍忍吧，看看大家的态度再说。于是我问："大家怎么评价小军的头发？"学生的回答果真出乎我的意料，大多数的学生回答："时尚"、"流行"、"前卫"。我诧异学生能熟练运用这些词汇，也诧异于他们竟已经有这种观念，怪不得现在许多中学对待学生留"爆炸头"也束手无策，虽然采取了许多应对方式，学生依然我行我素，强制措施过后，大多"野火烧不尽，春风吹又生"。

怎么办？如何应对小军的"爆炸头"？如何引导学生改变这种错误的审美观，避免出现第二个、第三个"爆炸头"呢？我苦苦思索，查阅网络、报刊、书籍，可是始终没有找到行之有效的解决方案。

中午在食堂吃饭，几个同事偶然聊起了孔雀开屏，科学老师在一旁答道："开屏的孔雀都是雄性，开屏目的除了炫耀，还有一点不可忽视，就是对雌性示爱。而且部分动物在发情期，特别是雄性动物，为了能吸引雌性的注意，都会把毛发竖起来。""太好了，我找到方法了。"我狠狠地拍了一下对面的科学老师，大家吓一跳，听了我的解释后，大家一阵欢笑。

下午快下课时，我突然装得神神秘秘，压低声音告诉学生："老师发现了一件很有意思的事，想告诉大家，不知道你们有没有兴趣听。"学生的好奇心一下子被我调动了起来，一声不吭，一双双眼睛紧紧地盯着我，

121

生怕自己漏听了好消息，教室里悄无声息。我一本正经地说："大家都知道开屏的孔雀都是雄性吧？可你们知道吗，孔雀开屏除了炫耀美丽之外，还有一个重要的原因，那就是向雌性孔雀表示好感。听科学老师说，好多雄性动物在发情期，为了能吸引雌性的注意，也都会把自己的毛发竖起来。"我用手在头上比划着，做头发膨胀状，并把"发情期"、"毛发竖起来"进行了板书，这时学生发出了一阵爆笑，并把所有的目光射向了小军，小军呢，罕见地满脸通红。"唉，不知道我们'男人'这种雄性动物，是不是也这样？"然后，我继续问女学生，看到这样的男生，你们有什么反应？"呀，太低俗了"、"太恶心啦"……

这节课接下来的一两分钟，不时有学生转头看小军，想笑又强忍着，我却发现小军在不停地看手表。下课后，小军迅速跑去洗头了，回到教室，大家发现他头上的风景变了，一根根"荆棘"变成了一条条"垂柳"耷拉了下来，头发上还滴着水珠。当天晚上，小军请假回家了，第二天，我们发现小军剪了一头的短发。

美丽与丑陋，源自不同的认识，要想改变一个人的认识，有时比登天还难，可当发现美丽的面纱背后原来是如此丑陋时，改变认识自然就不费吹灰之力了。

这个"轻松搞定'爆炸头'"的案例，曾被《班主任之友》杂志作为2012年第5期的评析案例发布在官网，一时间引起了潮水般的大讨论，焦点在教育方式的选择上，有老师认为这样做严重伤害了学生的自尊，造成学生的心理问题，有负面影响；有老师则认为形势所迫，温和教育不适应所有学生，凡事有利有弊，教育不能只是春暖花开。两大阵营的激烈讨论，也使得点击率和评论双双创下了官网之最，现采撷精彩评析片段。

教育，判断题 VS 选择题

深圳市光明新区玉律小学谭宏老师的观点是在教育过程中，是教育者去做"判断题"，还是该让学生去做"选择题"？答案是后者。

教育者习惯于做一些"判断题"，有时会因为自身的主观判断、武断决策直接把学生放进一个我们预先设定好的价值框架与体系中去，束缚了学生的思想认识。当学生对"爆炸头"的判断是"时尚"、"流行"、"前卫"时，教育者该暂且撇开学生认识与判断的正确与否，放手让学生"百家争鸣、百花齐放"，而不是急于直接作判断，急于立刻改变学生的行为，给他们一些自由，一些空间，一些时间。

应该让权于学生，让他们自己尝试多做"选择题"。教育者应该放下教师的权威，让自己从"神坛"上走下来，深入到学生内心，触碰他们思想的火花，让自由的灵魂去流浪，让自由的思想去升华。利用这次"突发"事件，让学生好好地探讨一下美与丑，教师不必刻意去暗示，也不必要求学生达成统一的观点，而应让学生尽情展示对美与丑的理解与认识。赞成也好，否定也好，引导学生不急于对小军"爆炸头"的去留作出选择，把这种选择权留给小军本人，让小军自己去权衡，通过他自己的选择来体验、认识"爆炸头"的美与丑。

尊重学生，尊重他们的选择，对于教师本身是一种成长的过程，也是开阔眼界的一种途径。何不放弃我们经常做的"判断题"，而让学生自己尝试多做一些"选择题"呢？

教育，要慎用"厌恶疗法"

江苏南通通州区南兴小学陈春老师从心理学的角度进行了分析，认为老师在事件处理中运用了厌恶疗法，通过孔雀发情期的语言描述以及文字板书，引起同学的嘲笑，从而唤起小军内心的厌恶，改变自己的形象。

若仅从结果看，老师似乎完成了对小军"爆炸头"的矫正，"轻松搞定"了。但事实上"厌恶矫正疗法"不是一个很容易操作的矫正技术，有很多需要注意的地方，在这里提醒两点：其一，不管是哪一种行为矫正方法，都必须遵循个体化原则。"厌恶疗法"也不例外，在班集体中公开对个体实施这样的行为矫正，会有很大的负面效应，严重者会令个体造成心理阴影。小军事后的反应足见他受到了非常强烈的刺激，至于对他后续的影响尚未可知；其二，厌恶刺激物的选择尽量客观，而非主观臆断。案例中老师将孔雀开屏等正常的动物性反应作为厌恶刺激物，对于处于青春前期的孩子来说是一种误导，无形中会影响这些孩子未来对正常性意识的基本观点——"呀，太低俗了""太恶心啦"，这样的观点已经显示影响力的存在了。

事实上，利用心理专业上的"厌恶疗法"矫正小军爆炸头的"效果"当然是"强烈而有效"，因为这个方法本身具有极强的心理冲击力，但其负面影响尚有待评估。故在利用"厌恶疗法"进行行为矫正之前必须充分考虑风险，这应引起我们足够的注意。

教育，不能只是春暖花开

山东临沂西郊实验学校王维审老师的观点是：只有春暖花开，哪有丰收的果实。我们都在极力营造一个教育的童话世界，那里只有鸟语花香，只有春风拂面，而我们恰恰忽略了教育应该有的坚持。

我们教育生活中的"小军"会以不同的姿态出现，可能是"爆炸头"，也可能是"野小子"，抑或是"混混生"。他们共同的特点是性格叛逆，有恃无恐，温和的教育对于他们没有任何作用。以小军来看，他的头发先是"有点长"，在老师善意的提醒下，不仅没有变短，反而变本加厚，变成了"爆炸头"，这本身就是一种逆反行为，看起来是头发的问题，实则是心灵成长的错位。如果我们的教育不能够用最快的速度、最有效的方法给予解决，那就是我们教育者的失职，更是教育的不幸。

苏霍姆林斯基曾利用孩子们的愤怒指责来对个别学生进行影响，因为他懂得，集体的谴责本身就是一种教育。但是，我们却总是有意无意地回避着孩子成长中种种的执拗和不该，不忍心直接给孩子一个真实的教育。总是天真地以为，孩子的一切困惑都可以在和风细雨中迎刃而解，当学生犯了错误的时候，不敢当机立断地大喊一声。这实在是教育的悲哀，而这悲哀已经成为教育的一根刺，疼痛的不仅有教师和学生，还有我们整个教育。其实，教育应该给孩子一个完整的体验，快乐、满足、骄傲、自豪自是成长的幸福，疼痛、悲伤、失望、羞耻也是成长过程中必须经历的体验。

小时候喜欢永远活在春天里，父亲告诉我："只有春天，就吃不上白面了。没有冬天，麦苗就会被虫子咬死；没有夏天，庄稼就无法长大；没有秋天，就不会有沉甸甸的麦穗。"只有春暖花开，哪有丰收的果实？教育，也是如此。

教育，有时需要剑走偏锋

剑走偏锋，情理之中。江苏省扬州市邗沟中学王广安老师的这个观点在论坛上引起不少的共鸣。为何老师能干脆利落地搞定爆炸头？无他，找到了小军的心理软肋，切中了要害。有些孩子，就像小军，对老师的评价不当回事，但对周围同学，尤其是异性同学的看法特别在乎。因此，以同学的看法影响他，往往能起到事半功倍的效果。

着奇装异服、留怪异发型等显得很另类的学生，一线老师都碰到过，常规的说服教育手段收获甚微，这跟青少年身心发展特点是密切相关的。学生审美的偏差、较强的虚荣倾向、心理逆反——青春期的一根筋脾气，使得说服教育举步维艰，甚至使师生间产生严重的对立情绪，这决定了做学生的思想工作有时不能走寻常路。林老师在起初处理小军长发问题时，采用了常规"战术"，但不疼不痒的，根本解决不了问题，还助长了孩子进一步突破的胆气。

小军整个"爆炸头"，除了炫新立异、耍酷，大大地出个风头，可能或多或少还有一点试探老师管理底线的意思。此风不可长，别再出现第二、第三个爆炸头，老师的担忧是不无道理的。青少年由于辨别是非的能力不强，行为的盲目性很大。不少同学看着小军，竟然露出了羡慕的神色，就是一个明证。因此，搞定"爆炸头"宜早不宜迟，宜快不宜慢，拖不得，人数一多，罚不责众，就更被动了。怎样才能快刀斩乱麻？查阅网络、报刊、杂志，没有找到行之有效的办法，靠常规方法又不能奏效，那就只能剑走偏锋出奇招了。

凡事有利有弊，治病救人的药还有三分毒呢，完全没有负效应的完美办法只是一厢情愿。老师的教育对小军心理的负面影响肯定有，但跟眼前要解决的其他问题相比，无疑是次要的。而且，那个负面影响，老师也完全可以通过事后的交心、劝导加以减轻、消弭。

在数量的众多评论中，遴选四篇作为评析观点，感谢《班主任之友》的关注及四位老师的精彩评论。

行文至此，相信有很多老师会问，到底如何教育学生？其实答案很多：关爱、激励、宽容、期待、理解、平等……不管你做好哪一方面，都能实现心心相印的教育。可要搞好教育靠什么？两个字：责任。

21. 一芳群赏
——应对学生自惭形秽

现在网络上流行的词汇如雨后春笋般出现，令人目不暇接。最近流行的网络用词，给了男女青年一个"定型装"：男的要"高帅富"，女的要"白富美"。大家似乎一窝蜂认同这样的定位，并投以羡慕的眼神，确立为追寻的目标，报以极大的认同。任何一种社会的认同感都会无处不在地渗入各个角落，学校自然也不能幸免。对于老师来说，有这样的学生自然乐观其成，同学们呢，更是乐意与这样的学友为伴。社会发展的车轮滚滚向前，一大批这样的学生出现在了校园里，他们美丽、自信、活泼、可爱，让人羡慕不已。

可还有一批学生，自幼由于其貌不扬，得不到更多的自我展示和受到他人赞扬的机会，他们默默地承受各种"冷落"，在不断的自我挣扎中，渐渐地隐藏自己。在这些学生的生活中，很少有鲜花和掌声，也极少受到"干扰"，应该说，他们可以把更多的时间投入学习，用更加出色的成绩来证明自己。可事实上，学生们的内心已经不再那么强大，外界的评价和影响极易左右他们前进的步伐。变革中的社会，这一切似乎都在改变，一贯以"谦虚、低调、不张扬"为主导的理念，渐渐转变成"自信、展示、积极争取"的主流思想。本来是机会面前人人平等，如今在机会面前，很多人已经捷足先登。

涵微，一个很美的名字。初识涵微，发现这个女孩的体貌特征把"微"字诠释得淋漓尽致，一张小脸，微型的，很黑；极小的眼睛，躲着你的眼，看不到应有的光芒；薄薄的嘴唇翘了半天，最后还是没有喊出"老师好"。

涵微不出意外地默默无闻，课堂上几乎从不发言，课间也没发现有同学去关注她。

改变，来自涵微日记上的一句话。

一天，一篇日记上的一句话，让我彻底惊讶："你们总是看不到坐在角落里的那个小小的我。"我赶紧翻到封面：涵微。涵微的这句话震撼了我，是呀，什么时候我们真正"看到"那个坐在角落的小小的她呢？

我表扬了涵微的这句"自白"，也号召所有的同学平时要把自己心里的所思所想及时地表露出来，几个学生带头使劲地鼓掌。涵微终于笑了，羞羞答答的，煞是可爱。

涵微开始大胆了一些，上课时会悄悄地举手，可等我眼睛扫到时，她又迅速地放下，并赶紧垂下头；偶尔也能发现她出现在办公室门口，当我起身时，她却悄悄地跑开。我有意安排她担任小组长，可她无论如何不肯答应；园地准备展出她的一幅画作，可不知什么时候已经被她弄脏了；选中她参加舞蹈排练，可她不知什么时候脚踝崴了……于是我比较纠结。

忽然想起了涵微的那句告白，何不多给涵微布置一些日记、作文。

小影认为涵微的这句话让她非常有感触："溪边的野菜，你虽微不足道，没有人注意你，但你的根却深深地扎进泥土，努力地吸收营养，溪水的滋润和阳光的照耀让你的绿色异常诱人。"

小慧说涵微这段文字太精彩了："你好，蝴蝶，在花丛中飞来飞去，在采蜜吗？嗨，小蚂蚁，最近忙些什么呢？冬天的食物准备好了吗？你好，音乐家蟋蟀，你演奏出来的音乐是多么的婉转动听啊！"

小航觉得涵微的这句话很有哲理："高山无语，大爱无言；泉水最清，师爱最真。"

……

在涵微的精彩文章鉴赏会上，大家惊奇地发现涵微的文笔如此精彩，那些流淌出的语句让大家惊叹不已，字里行间透露出淡淡的思愁令人心酸，那些流畅的文字如歌声般悦耳，涂抹在语句上面的智慧更让人折服。

涵微彻底释然，她动情地朗诵了一段自己最满意的文字："我喜欢雪，表弟从北方给我寄来了一瓶雪花。现在，那瓶已化成水的'雪'，我一直珍藏着，因为我知道，那是一份浓浓的爱，是甜的，是热的。"深情的朗读，博得了同学们阵阵的掌声，涵微如花般笑靥掠起一丝绯红，同学们突然发现涵微也很美丽。

课后，我给她讲了台湾作家三毛的故事，希望她也能做另一个三毛，从她惊讶后的一脸欢喜中，我看到了她内心的欢腾。

全校作文大赛，涵微荣获一等奖，那一刻，她主动地扑入人群中，所有的女同学把她抱了起来。

不断撞击涵微同学内心的渴望，挖掘她的精彩，让她收获，让她绽放，在她的渴望得到充分满足和展露后，她收获了自信，享受着快乐。

自惭形秽，自嘲告白

晋代骠骑将军王济曾这样夸自己的外甥卫玠："珠玉在侧，觉我形秽。"对于涵微来说，可能每一个人都是"珠玉"，不管跟谁在一起，她都会觉得自惭形秽。她为什么会如此不自信，如此自贬，实在有"客观因素"存在，这种因素也或多或少地影响了她在老师、同学心目中的地位，老师们常常把她给"忘了"，忽视了她的存在；在同学中间，假如她不主动大方一些，相信同学们对她的态度更是"可有可无"。

每一个人的内心都有得到别人认可和关注的渴望，外表越是冷淡，往往内心越是狂热。涵微就是这样的女孩，老师和同学对她的"遗忘"也激起了她内心的强烈"渴望"，可她无处表露，也不知如何表达，可能多次暗暗下定决心，可见到老师后，她又不敢把真心话说出来，害怕失败，因为她没有成功的经验，与其遭遇尴尬，还不如就此作罢，免得"丢人现眼"。终于有一天，她熬不住了，在日记里偷偷地写上了那一句令老师震惊的话:"你们总是看不到坐在角落里的那个小小的我。"这一句自嘲式的幽默告白,披露了一个人内心的无奈,却强烈地触动了老师的那一颗反思心弦,也拉开了她走向自信、成功的序幕。

不断撞击,终有所获

爱默生说:"自信是成功的第一秘诀。"不可否认,成功和自信是不分家的,越成功越自信,越自信越成功,所以成功除了来自自身不懈的努力之外,自信是不可忽视的元素。自信从何而来?来自鼓励,来自机会的把握和不断成功的积累。对于一个学生来说,努力来源于自身,而鼓励和机会往往来自老师。老师的一分鼓励能换回学生的十分努力学生的十分努力往往只相当于老师给予的一分机会。只有鼓励而没有机会,往往让学生付出努力后,却因看不到希望而失去坚持力。对于涵微来说也是这样,她自觉很是努力,可是老师始终没有看到她,让她觉得郁郁不得志,她很想表现自己,可是却始终没有机会,也找不到合适的渠道来展示自己。

自己的优势在哪儿呢?担任组长?不行的,自己真的没有那个能力;展示自己的画作?那也只是别人的陪衬,如同自己一样"虽在人间人不识";参加舞蹈节目?万"彩"丛中一点"黑",岂不让人笑掉大牙。可又不能总拒绝老师,辜负老师的一番心意。在第一次拒绝"担任组长"后,涵微在接下来的两次拒绝中动了心思,弄脏画作和扭崴脚踝,足见这是一个心思多么缜密的女孩,不成功则已,成功必须要出类拔萃,与众不同,不拿自己的弱项去碰别人的强项,要淋漓尽致地发挥自己的优势。的确,这样的人"不鸣则已,一鸣惊人"。可为什么她一直没有获得那样的机会?这并不奇怪,一是用文章来展示自己,征服大家,本就是一件很困难的事,比不得一亮歌喉,一展舞姿的光鲜快捷;二是自己的"外部条件"不足,也会因为得不到欣赏而经常错失良机。

涵微的机会终于来了。老师在不断撞击无果之后，从那句告白中恍然醒悟，何不多布置一些"日记和作文"，充分展示涵微的文采？

一芳群赏，走向自信

涵微的确是一个非常有文学天赋的女孩儿，小小年纪却文采飞扬。第一段文字，有表达自我、提出要求之意：用"溪边野菜"来自拟，表达谦逊而不失个性，诚恳希望老师要像溪水阳光那样滋润照耀自己，表达含蓄而不失偏颇；第二段文字，显然已经是一个心情的递进，从华丽的文字、欢快的节奏中可以读出她目前的心情，从一股甜丝丝的滋味到抑制不住的欢乐，跳跃的字符把人的情绪从平静带向激动；第三段文字是情感提升，真心的流露："高山无语，大爱无言；泉水最清，师爱最真。"简洁工整，足见功底，表达一种真挚、真诚的感怀师恩之情。

可关键是如何让这些精彩得到充分的展示，在园地展出文章，只能给她一种自我满足感；公开表扬，只能显示老师对她的一种认可。要问哪一种方式最能充分展示和认可学生的精彩，答案是文章鉴赏会。既然是鉴赏，必须所有学生参与阅读，充分理解，寻找出自己满意的、认为精彩的文段进行展示。鉴赏会，可谓一箭双雕、双赢双惠，既充分展示了阅读人的鉴赏智慧和理解能力，又不露痕迹地展现涵微的出彩和不凡。对于涵微来说，同学们从读者的角度，以欣赏的方式来仰视她，一芳群赏，让她产生了前所未有的自我满足感。于是，涵微彻底释然，动情朗诵，选读的那段文字也说明她是一个非常重感情的女孩，把别人对她的每一分关心、每一丝爱心都深深地珍藏，深情的朗读，博得了阵阵掌声，要知道任何的掌声能阵阵地响起都应该有老师鼓动的痕迹，大爱无痕，师爱最真，的确是这样。

当然，学生的自信和热忱可能会一阵风吹过，一时的热乎，往往会因为环境的改变或者一次不留神的打击而很快冷却，难以坚持。所以，必须在学生的心中埋下一颗种子，树立一个榜样，确立一个恒久不变的追寻目标。所以，老师适时地搬出了三毛，这位台湾女作家的故事，也的确撞击了涵微的共鸣点，搅动了她内心的那一汪不平静的熔浆，看着她一脸惊讶后的欢喜，我们有理由相信，她欢腾的内心中，已经暗暗地立下了一个坚定的志向。

由此可见，任何一个改变的发生，如果没有外部的作用力，就不能很好地激活内心的热情。让我们点燃学生内心的那一团火，剩下的，我们只需欣赏火焰的绚丽，享受扑面而来的热度就可以了。

22. 点破纠结

——应对学生情书初现

经常听到家长、老师们笑谈，某某一二年级学生甚至幼儿园的小朋友，在谈论谁喜欢谁、将来嫁谁娶谁的事儿，那是一个轻松的问题，这个年纪的孩子谈论这些问题，那是纯属好玩，是年幼无知的表现，大人们聊起时，也总是轻松愉快，津津乐道。可这些话题，随着孩子的成长，到了小学高年级后，大人们开始"如临大敌"，时刻防备孩子们口中再出现这些敏感的词汇。而学生在进入青春期后，生理上开始慢慢发育，开始有了异性的概念，他们不再口头上公然谈论喜欢谁，而是将情愫暗暗地压在心底，抑制不住的时候，就会悄悄地付诸行动，偷偷尝试，一封封"情书"，于是不断惊现。

写情书并非每一个学生都有的行为，却是大部分学生都想尝试之事，青春萌动，情书初现。家长总是希望孩子不要过多去关注情书之类的问题，能专心地把心思放在学业上，希望自己的孩子能够"少年不识愁滋味"。可青春洪流滚滚而来，谁最为急切？答案是家长。当家长发现孩子不专心读书，"不务正业"时，最先想到的是急切地去压制，干净利落"摆平"之。当然也有家长首先求助于老师，试着搬出老师，从班级管理的层面、教育的角度去分析和解决。当老师遇到这些亟待解决的问题时，又应该如何艺术地面对，如何指导家长，帮助他们度过这段"艰难时光"呢？如何引导学生快乐生活，破解学生成长的烦恼，引领学生健康成长？

一天，小惠的父亲非常紧张地找到我，说小惠收到了男孩给她的"情书"，而且还带回了家，是小惠妈妈在客厅发现的。我一看，果然是这样，一个男生写给小惠的小纸条，字写得歪歪斜斜，一看笔迹我就知道是谁写的。

我心里也咯噔一下，可转念一想，不对呀，如果小惠有想法，怎么会把如此"重要"的东西落在客厅里呢？

"你在家里发现这东西时，小惠知道吗？"我担心地问。

"不知道，我们不敢告诉她，是我们拿到了这东西。"小惠的父亲说。

"你们发现小惠在家里，有找过什么东西吗？"我想这一点是很关键的。

"好像没有。"小惠父亲努力地回忆。

我心里一下就有数了，半开玩笑地说："你不用紧张，你女儿这么漂亮，迟早会收到这些东西的，孩子们都长大了，发生这样的事情也算正常，目前关键要看小惠是什么心态。"

"对呀，我跟她妈妈担心的就是这个，老师，您说小惠是什么心态呢？"小惠的父亲显得很着急。

"我觉得你们大可放心，你看，小惠既然这么不小心会把'这东西'丢在客厅，也不见找，说明小惠心里根本就没有'这东西'，也可能就没有发现有'这东西'，或许知道了，也没当一回事。我想，这也许是别人塞在小惠书包里，小惠在家里做作业时不小心从书包里掉出来的。"我的解释，让小惠父亲一下子释然。

不过，这件事之后，我觉得应该对学生进行一些这方面的教育了，毕竟他们都长大了。

在一节班会课上，我让大家谈谈如何与异性同学交往。当然，小学高年级学生对这样的话题，是既感兴趣，又不敢面对，所以主动发言的学生自然很少，发言的也大多不痛不痒地说一些不着边际的话来应付。虽然一个个表面上都显得不在乎，其实内心翻腾不已，他们都在等，急切地盼望老师的发言。

"你们都长大了,男女同学之间心里想着某一个人,甚至想着几个人,都是很正常的事。"我一语击破,学生发出一片"呃耶"的惊呼声。

"想想无妨,想想也是很美好的东西,不过放在心里就可以了,拿出来或者说破了,就变得很丑陋了。如果把人的一生比作一个花季,你们要经历成长、发芽、开花、结果这样几个过程,一切要顺乎规律,水到渠成,这样的人生才是最美好的。"我侃侃而谈的时候,发现学生开始平静了下来。

"现在你们还在成长期,以后还会经历发芽和开花的过程,在这些时刻,你们应该去学习如何成长,努力思考如何更好地成长,学会真本领才能把花开得更美丽。如果现在就想着去碰它,把它摘下,这样做的结果,只能让这些美好的东西,顷刻间变成残枝败叶,就得不到最后那芬芳可口的果实了。"我讲完后,发现学生还没有回过神来,似乎深深地进入了思考。

接下来的日子,班里异性学生之间的交往更融洽了,不再调侃,不再瞎闹,多了一分理性,多了一分大方。

一封情书,一个青春萌动的话题,也是如何引导成长的话题。孩子的成长总是伴随着烦恼,学生如此,家长亦然。如何引导?如何引领?

情书为何物

学生总是向往着前方未知领域的神秘,有时抑制不住自己的情绪,往往促使他们去做一些连自己都感到忐忑不安的事情,或是因为爱慕,或是出于好奇,或是模仿,于是情书孕育而生。暗暗关注,悄悄写成,偷偷送达,忐忑等待,这一系列的行径,都源于身体内的一个不一样的变化,那就是成长。对于成长中的学生来说,情书其实是成长的标志性物件之一。

成长,总是在向往和烦恼的纠结之中款款而来。成长期的学生总是怀着好奇和期待：一个不一样的变化，有时会引起一阵莫名的惊慌；一束关注的目光，有时会引起一个奇妙的欢欣；一个不屑的眼神，有时会带来一分无奈的失落。于是我们经常发现，有的学生时而会表现出一种抑制不住的冲动，时而会独自默默沉静很久，反复无常的表现都揭示了一个事实，那就是学生在成长。

家长最心忧孩子的成长，过快或过慢都会担心，孩子涉及成长的话题过多或过少，大人也会揪心。可对于一个家长来说，视孩子收到的情书为"洪水猛兽"，虽然没有必要，可一点也不过分。若孩子就此一头扎进情感漩涡，或是走不出别人对自己的"纠缠"，而不能专心学习，荒废了学业，将来势必会"一事无成"。这种例子不胜枚举，多少人因为"年少无知"过早谈论情感而误入歧途，多少人因为"无畏青春"而带来无尽的悔恨。"前事不忘，后事之师"，相信这是许多家长的想法，谁都不希望这些事情发生在自己孩子的身上。现在，自己的孩子过早地接到情书，还把情书带回家，哪个做父母的不担心呢？怎一个"愁"字了得。

如何对待情书

家长如何对待孩子收到的情书？一般会出现这么几种情况：一是"打破砂锅问到底"，进行深层次的"挖掘"，问个透彻，如跟对方是何时开始，如何开始？对方为何会写情书？为何没有你的"授意"对方敢逾越雷池？总之，把本来没有的事问出事端来，把"涟漪微波"的事儿，问出个"惊涛骇浪"来；二是走另一个极端，不闻不问，在孩子最需要引领，最需要指明方向，最需要点破纠结的时候，在他们最"无助"的时候，没有人跟他们在一起，没有人能够带领他们趟过"青春萌动"的漩涡；三是像案例中小惠的家长那样，理智地对待孩子的成长，细心关注，从中暗暗解围，或请求有经验的老师帮助，关键的时候出手扶一下，和孩子一起分担青春的烦恼，带领孩子走向快乐，走向成长。

女生的父母很是谨慎，把情书收了起来，不敢让女儿发现，偷偷地来找老师。当然找老师的目的很明确：一是让老师知道班上有传递情书之事，担心女儿过早陷入情感纠葛中，希望老师能够及时进行引导和教育，避免此事向严重化发展；二是因为没能猜透女儿的心思，又不敢与女儿当面对质，毕竟是敏感问题，于是来找老师寻求解决之道。应该说，这位家长的处理方式是对的，在不明白这封情书的来历，更猜不透女儿心思的情况下，贸然行动断不可取。越是情感，越是敏感。如果处理不当，反而会让事情"无中生有"，一旦勾起女儿对情书的关注以及某些方面的遐想，岂不更糟？

如何引导情书

接下来老师的应对和引导就显得非常关键，直接影响整个事件的最后结果。情书是一个男生写的，一看笔迹就知道是谁写的。老师心里很自然地咯噔一下，班里发生了"不该有的事"，怎么办？马上找出"始作俑者"狠批一顿，让大家下不为例？这样虽然能够在一定程度上制止了这一件事，或是能让小惠不再受到"干扰"，但班上所有这样的行为或可能会出现的行为，都会从"隐性"转为"更加隐蔽"。一方面，学生由于抑制不住内心的冲动，因困惑、纠结而无所适从；另一方面，由于无形中对老师产生了抗拒心理，使得老师开展的引导和教育得不到有效的实施。

成长中的孩子，思想中无意识地不断萌发出不一样的意念，那种"向往美好，向往成长"的心理是极其脆弱的，又是极其容易受到伤害的，这种萌动心理，经受不得半点的打击和压力。用心呵护，积极引导，才是促进他们健康成长的关键。如何引导？通过创设一种"生命之美"

的情景，引领学生认识生命，认识人生，促进学生的健康成长。案例中的老师，除了给家长进行合理分析、积极疏导以外，更是在教育和解决这个问题时做足了功课。既然学生性发展开始到来，那么对于异性的好奇、倾慕肯定是必然的，那么为师者的上策是给他健康、开放的交往机会，而不是封锁、扼杀。

充分运用情感加法，这加法说来也简单，即与异性学生之间的交往，多比少安全。也就是说，如果学生心里只想着某一个人，那么，感情和行为"出轨"的可能性就比较大；如果想着两个人，那么"出轨"的可能性将减少一半，说得夸张些，想着的人越多，就越安全。所以老师解释心里想着一个人甚至几个人，也都是正常的。但是，也不能让学生就此一头扎进感情的漩涡里，整天胡思乱想。关键是如何进行成长的引导，如何让学生认识到在成长期学习是多么的重要。老师做了这么一个妥善的解释，那就是人的一生犹如一个花季，这个解释也让学生真正领悟了人生存在的价值和意义，"看见"美好的未来，明确了自己当前的任务。于是，一个纠缠不清的话题就在学生静静的思索中迎刃而解。

成长之所以有烦恼，是因为不解伴随成长过程中出现的问题，以及挥之不去的向往神秘的心理，只有点破纠结，理性分析，才能更容易地帮助学生破解烦恼，引领学生健康成长。

23. 批注情诗

——应对学生情窦初开

情窦初开的青少年学生，在情感方面开始向往，开始想象，开始小心地去关注异性同学的一言一行、一举一动。一个善意的举动，一次会心的微笑，都能够让他们产生无尽的想象，他们会想象一个最美好的场景。有时他们会把自己想象为一个美好童话故事的主角，那里诗情画意、春意盎然。这种"春闹枝头"的萌动春情，在他们的心中掀起了层层涟漪，时而美不胜收、妙不可言，时而惶惶不安、苦恼迷茫。

那些内心的秘密，学生们往往都会进行记录，记录美妙的憧憬，记录不平静的心绪，可他们又害怕被人发现，于是经常在记录之后又很快销毁。不断记录，又不断销毁，他们在冲动与自制之间纠结，内心的欣喜和烦恼产生激烈的冲撞。此时，如果这个秘密被泄露了，被同学不经意间窥见，或是被老师、家长无意间发现，他们会怎样？同学之间自然没有秘密，可能由此会成为一种笑谈，一个议论的焦点，当事学生也许从刚开始的紧张到后来的不以为然，甚至报以一种释怀的态度，大方地去面对，顺其自然地被大家的舆论推到了一起。倘若被老师和家长发现，他们会怎样？诚惶诚恐？胆战心惊？也许还不能言尽内心的那种不安，那种等待"宰割"的滋味，等待"审判"的日子，度"秒"如年。

一天，语文老师神情异常，紧张地拿来一篇日记，是一首小诗，记录了一个女孩的思春情怀，内容大致是这样："顺我所思，顺我所忆；顺之一举，为我之一动；顺之一言，为我之一行。不知何时起，你抢占了我心中的某处一角，我努力逃脱，可无可奈何。我总是远远地望着你，深深地思念，期待有一天你向我走来。可是，不行了！你我的海拔，决定了你我之间的差距；无情毕业季的来临，注定着你我就此分离。再见了，也许心的思念还会延续，也许脑海中的身影挥之不去。就此别过吧！曾设想过很多种分别的方式，可最后也许将是默默地看着那个身影消失，消失在走廊的尽头，消失在心的尽头。"

　　写诗的女孩叫小若，文文静静，成绩优异，是许多男孩竭尽所能想套近乎的女孩之一。曾经在一次期末考试前，我顺口而出的一句玩笑话，"这次考试，谁的成绩最出色，就让小若送他一件小礼物"，竟然意想不到地引起了多个男孩脸红的表现，之后的班级平均分也由于男孩成绩的提高而取得一定幅度的提升。小若的魅力，可见一斑。

　　顺是我们班最帅的男孩之一，高高大大，白白净净，说话幽默得体，虽然成绩并不出类拔萃，可却给人一种踏实安全的感觉。意料之外，小若写的竟然是顺。可问题不在这儿，问题是现在一首情诗就摆在我们面前，怎么办？

　　语文老师的建议是学生长大了，成长过程中出现这样的情书、情诗之类也属正常，考虑到个人隐私，就当没有看见，事后让我这个班主任找她聊聊，提醒她要以学习为重。

　　我同意语文老师的前一部分考虑，可是，我提出是不是先放一放，让我观察观察再说。

　　不出所料，小若在我的课上精神恍惚，作业里竟然做错了好几道平时根本不在话下的数学题。我知道小若为了什么，可我不知道该如何解决这件事。我还没有想好。

　　正好学习委员小远从我的办公室门口经过，我叫住了她，询问了今天的作业完成情况，我说有几个同学把很简单的题都做错了，是不是今天同学们做作业和收作业时发生了什么异常？小远想了想，表示数学没有，我一听小远的话似乎还有半句，顺势追问，那是其他作业有问题喽？小远说，第一节下课的时候，小若说自己的日记被组长收错了，问能不能给她换回去，我说已经交了，老师看着呢。

我明白了，事情可能是这样，小组长无意把小若的私人日记当作业日记收了，等小若发现时已经在老师那儿，换不回来了。自己的秘密即将全部曝光了，怎么办呢？如果语文老师告诉班主任，再告诉自己的父母，或者在班上公开，那自己颜面何存，该如何面对呢？

我跟语文老师商量，就把小若的日记作为普通的日记来批改，从文学的角度，从诗歌欣赏的角度进行批注，语文老师欣然同意。拿来批改后的日记，我发现改了几处字词和标点，提出了建议，批注非常精彩："这是一首精致感人的美丽小诗，情感刻画得非常细腻，真挚地表达了人的一种心情。透过这首诗，足见你的文学才华，希望你以诗为趣，与诗同行，将来成为一位出色的诗人。"

日记发了下去之后，语文老师表示自己上课的时候只字未提日记的事，不过发现小若上课很不自在。下课后，她很快就消失了，也许着急看日记呢？从走廊的尽头走来的小若，脸色绯红，冲着我笑了笑，见我点点头，她似乎松了一口气地走进了教室。我回到办公室给语文老师一个OK的手势，相视一笑，心里都明白，这件棘手的事应该告一个段落了。

毕业来临的前一天，语文老师接到了一张小纸条，上面有这么一行字："敬爱的老师，感谢您的精彩评语，让我突然明白了许多道理，明白了您的良苦用心。谢谢您！在毕业来临之际，祝您身体健康，永远快乐！桃李满天下。"落款是小若。

最不该发生的事情，却在不经意间发生，最不愿面对的事情，却不得不去面对。案例在纠结之中展开，在纠结之中进行，却收获了一个最不纠结的结局，有何技巧，有何智慧，我们结合案例细细品之。

情感秘密，不慎泄露

一封情感真挚的情诗摆在了老师的案前，让人惊愕，难怪语文老师神情紧张。看后不禁感叹,少女的那份思春情怀,让人不由自主地想起《诗经》中"青青子衿,悠悠我心"、"青青子佩,悠悠我思"之句。凡是情感,皆可成为秘密,尤其是情窦初开的青少年。这个魅力无限的女孩,这个让"许多男孩竭尽所能想套近乎"的女孩,这个能让"平均分有一定幅度上提高"的女孩,竟然把自己最纯、最真的那一份情感秘密给泄露了。意想不到,意料之外。在大多数人的印象中,这样的一个"集万千宠爱于一身",一言一语皆可迎来一片应和,一颦一笑皆能牵动"千军万马"的女孩,情感方面应该无需过多的表露,即随处可得。真是少女的心事咱别猜,永远会让人难以琢磨。

泄露了秘密的小若,上课时精神恍惚,做错了好几道平时根本不在话下的题目,如何叫人不担心,如果老师把秘密泄露了,如果告诉班主任,如果再告诉父母,如果……想象着多少个如果,不敢想象了,此事"无计可消除",真是"识尽愁滋味"。

思之再三,谨慎应对

怎么办?这不仅是小若担心的问题,更是老师的难题,可能有的老师一辈子都遇不上。就此武断地给小若扣上一顶早恋的帽子,在班里"展览",以儆效尤,请来家长"协助教育"?这势必会给她的心理造成一个摧毁性的打击,使她再也站不起来,回家"躲在破罐里,摔着破罐"过日子。可如果像语文老师的建议那样"就当没有看见",这种宽容反而给她更严重的心理负担,让她整天提心吊胆,揣摩老师的心思,老师既然知道为什么不来找我谈话?而"事后让我这个班主任找她聊聊",会更让她不安,并激起她的反感,既然连班主任都知道这件事了,还有多少老师知道?我的父母是不是知道?其他同学知道不知道?他们如此异常的表现,把一切都掩盖起来,原来只是让我以学习为重,而全然不顾我的感受,刺探了别人的隐私,却道貌岸然地明里"仁义道德",

背后议论纷纷。看来，这些方法都不适用，用不得。

如此棘手的问题，如何应对？"可我不知道该如何解决这件事，我还没有想好"，老师慎之又慎。的确学生情感上的问题，特别是这样无意间把自己秘密泄露的问题，不得不思之再三。陶行知曾说："真教育是心心相印的活动，唯独从心里发出来，才能打动心灵的深处。"从心的角度出发，如何面对这件事，如果换位思考，我们就是当事者，此时最想老师如何对待这件事？首先肯定要保守秘密，不管是谁都不能告诉，你知我知就好了；再者，既然是日记，最好就作为日记来进行批改，无需深入探究我的内心世界，每一个人都有属于自己的心事；最后，不要找我谈话，已经很尴尬了，让我说什么呢？自揭伤疤吗？应该讲，这三点是学生心里最美好的愿望，期盼能出现奇迹的愿望。既然是学生的愿望，老师就该帮助她实现，把这件事做到她的心坎上。

批注情诗，绕开泥潭

情诗如何批注？闻所未闻。没有哪位学生写好情诗后，拿来给老师，您给修改修改，提一些建议，我好进行完善，争取在您的指导下，我继续提高。可现在这件事就在眼前，以日记的方式出现，一首情诗。对了，就从文学欣赏的角度，从诗歌的格式，以及字词标点方面，进行一次语文式的批改。于是我们看到了案例中语文老师的评语："这是一首精致感人的美丽小诗，情感刻画得非常细腻，真挚地表达了人的一种心情。希望你以诗为趣，与诗同行，将来成为一位出色的诗人。"没有一句涉及感情的话，敏感词汇只字未提，只有对作者出众文学才华的评价，及出色的诗人的期望。

这样的批注给了学生一个非常明确的指向，在老师的眼中，这只是一首诗，你就是一个有无限潜力的诗人，你有出色的文学才华，你就更应该努力学习，为诗歌而去，而不是为情而困，为将来成为出色的诗人

143

而努力。是情感问题，却不做情感处理，避免陷入纠结，也巧妙地引导学生绕开了情感的泥潭，学生会认为，老师心里"知道这件事"，却用心良苦，并给予自己最大的信任，相信自己能处理好"这件事"，不能让老师失望。案例中，学生的表现也充分地说明了这一点——脸色绯红，冲着我笑了笑，松了一口气。特别是那张小纸条更是整个事件妥善处理的完美体现："感谢您的精彩评语，让我突然明白了许多道理，明白了您的良苦用心。"

心灵的教育在于细处摄神，一叶知秋，唯有处处见心、时时用心、以心换心的教育，才能让细节成为经典。心要跟爱一起走，唯其如此，教育，才是真教育。

24. 看见最美

——应对学生青春情迷

青春的觉醒给青少年带来莫名的神往，他们开始探索和尝试去追求爱情的奥秘和甜美，他们常常控制不了自己的情感，把握不准感情的度，抵御不住异性对他们的诱惑……但他们又往往划不清异性吸引与恋爱、友情及爱情的界限，情迷其中，凭着自己的感觉和意愿去做一些令人摸不着头脑，甚至令人讨厌的事。

在他们中间，有这样的一类学生，在感情方面勇往直前，不管对方是否愿意，不管是否影响对方学习，不懈努力，执著追求，不管最后是否会头破血流，不成功誓不罢休。虽然这样的学生可能最后成功率相对较高，可对于一个应该以学习为重的学生来说，如此行为，不仅会耽误自己的学习，更是会影响对方。作为师长最害怕的就是出现这样的学生，简单的制止结果往往会事与愿违，不经意间使得他们对大人产生了不信任，甚至把我们看成他们的对立面。可如果抱着回避的态度，简单地以为这是青少年学生正常的行为，不进行教育，不加以引导，让他们在懵懵懂懂中摸索前行，会令一部分学生就此走向错误，走上极端，甚至给自己今后的人生道路带来无尽的烦恼。

最近，坐在后排的小剑总是喊自己看不到，不断向我提出请求，能不能把他的位置向前挪两排。我觉得小剑的身材挺高大的，坐到前面会挡住其他同学的视线，于是没有答应。

小剑总举起他的"望远镜"，就是把手圈成一个圆筒状，放在眼前，朝向黑板照，这种怪动作也时常会吸引同学们转头去看他，从而分散了注意力。渐渐地，开始有课任老师反映，小剑这个样子影响了自己上课的情绪，时而还嚷嚷说自己看不到，打乱了讲课节奏。没办法，最终因为小剑的视力问题，我给他向前挪了两排。小剑激动万分，我很纳闷，不就是调个位置，有必要这么夸张吗？

可是没有想到，一个问题解决，一个新的问题出现。

隔壁座的女生小莹，很生气地向我投诉，说小剑很无聊，烦得不得了，要求调离位置。问其原因，小莹不肯多说，只是很坚决地说要调换位置。

到底是什么原因？一个位置刚刚调换不久，又有人提出调换位置。找到小剑，问其为何让小莹如此烦恼，小剑一脸无辜，平时借借笔、递递草稿什么的，没有什么呀？

小莹的态度依然坚决，可还是不肯说原因。唉，既然小莹不肯多说，找小远，她就坐在小莹后排，应该知道发生了些什么。小远表示不是太清楚，好像小剑经常随手拿走小莹的笔呀、纸呀什么的，不过用完了以后都会还给小莹。

我开始留意小剑的举动，发现小剑的确如此，一次想拿小莹的笔记本，被小莹抢了回去。课间趁小莹不在，还是随手拿去，发现他写了一些字之后，塞回小莹的抽屉。小莹回来后发现了，翻开笔记本，似乎连看都没看，直接撕掉揉成一团，丢在垃圾桶里。

我守住垃圾桶，以防值日生清理，趁他们上课，我偷偷地找出那个纸团来看个究竟，看看小剑到底写了些什么，让小莹如此不屑一顾。看完内容我彻底惊呆了："我想你，我就是想你，想你一百遍、一千遍。"我霎时明白了一切。

一股强烈的气流在我的心里盘旋，如果此时不是上课时间，这股"飓风"会在小剑那儿登陆。

可是慢慢地，我发现了自己犯了一个错误，为什么我没有洞悉这一切，没有从小剑的点滴行为中读出他的动机，而且还为他创设了这么一个"近水楼台"的条件？自己没有责任吗？一个情窦初开的男孩，他还完全不懂得如何去应对这份突如其来的情感，如此表现，难道不是缺乏引导的结果吗？

需静静思之，谨慎待之。

"小剑，老师这里有一个故事，你想听吗？"我把小剑问得一头雾水，但小剑还是点了点头。

"从前有一个男孩喜欢上了一个女孩，于是就不停地给女孩写信。"我见到小剑的脸腾地红了，"女孩很不耐烦，总是把他给她的信撕了，男孩有点生气，可也很无奈。看见女孩总是那么认真地投入学习，而且成绩出类拔萃，他立下一个志向，也开始努力地学习，后来他们相继考入了重点高中、重点大学。五年后的一天，男孩找到女孩，并递上了一个大包，女孩不明白那是什么，男孩对她说，我一直努力学习，以求能紧紧跟上你，把思念埋在心里，非常想念的时候，就给你写一封信，这五年写的信全都在这儿，而且我也想了你五年。女孩听了热泪盈眶，冲上前抱住了他。"我娓娓道来，小剑渐渐入迷，略有所悟地沉思了很久。

几天之后，小剑把位置调了回去。慢慢地我发现，他比以前更加用功了，渐渐地，我发现他似乎多了一分成熟，多了一份理智。

就这么一个学生，有着"巧思妙想"的脑子，有着"勇往直前"的精神，有着"义无反顾"的劲儿。不管从哪一个角度去分析，他都有获得巨大成功的潜能，只是，作为一个学生，他却把心思全部倾注于情感方面，是否时候未到，年龄未到？是呀，的确如此。那么从一个老师的角度，又该如何引导，在不打击他所有"优秀品质"的情况下，引领他向前走，走向最美的未来？

费尽心思，只因青春情迷

一个青春觉醒的学生会有什么样的行为？一个情迷其中的学生会有什么样的举动？透视学生的行为，来预见学生的心思。学生小剑费尽心思就为了调换个位置,实现愿望竟然"激动万分",为什么?答案是与自己心仪的女孩挨着坐。此时的他认为自己没有干不成的事儿,对事在人为有着独特的理解,即使现在不行,将来肯定可以,对自己充满幻想,极其自信。在情感方面也如此,认为自己是这个世界上最有魅力的人,所有女生都应该朝他看,如果自己对哪个女生有好感,同样也认为对方应该也喜欢自己,于是铆着一股劲,做足了功夫。的确,小剑成功地达到了他的第一个目的,把位置调上来,此时,他感觉自己飘到了云端。在他的眼里,没有哪个男孩比自己更有如此令人感动的坚持力;在他的心里,自己所做的一切女孩都能看到眼里,放在心上;在他的意识里,接下来自己稍稍加把劲就能有所收获了。

青春迷情,自我膨胀,虽不是每一个青少年学生都会产生的一种情况,可是相信大多数人会如此。这也说明青春的力量是不可估量的,广东话有一句俗语,"宁欺白须公,莫欺少年穷,终须有日龙穿凤,唔信一世裤穿窿",同样揭示青春的力量。所以,身为人师,自然要深深地懂得青少年学生的心,这样在教育时才能做到合适拿捏,引领学生走出迷途,走向前方。

蓦然发现,醉翁之意不在酒

一个新的问题,大大出乎老师的预料,同样也大大出乎小剑的意料。"我本有心向明月,奈何明月照沟渠",小剑竭尽所能,费尽周折,把位置搬到了小莹旁边,可小莹说他很无聊,并提出调换位置的要求。这是小剑万万没有想到的,一腔热血换来一盆冷水,心里不解,是热忱还不够,还是方式还不对?还是态度不诚恳……无数个困惑萦绕,可他始终还是相信自己,相信感觉,只要"胸中有誓深于海",自然"肯使神州竟陆沉",于是不断地变换方式,无所不用其极。终于,小莹不耐烦了,态度坚决,位置调离不成,采取冷淡对待,不理不睬。可越是这样,小剑却越是认为这只是一个考验，始终坚持，纠缠不休。

　　解决小莹的投诉时，老师出现了一个错误，就是简单地去找小剑，求证自然没错，可小剑不但轻描淡写地搪塞了过去，反而因小莹的"退缩"，态度更加明确，行动更加积极，招式更加多样。这也表明，找"犯了错误"的当事人验证错误，结果只会把错误推向更深层，使其更加隐蔽。于是老师改变了策略，通过隐蔽观察，终于有所发现——一张被丢弃的纸，内容让老师彻底惊呆："想你，就是想你，想你一百遍、一千遍。"一个直白的表露，语气中却充满挑衅，应该是无数次吃闭门羹之后的一种发泄。问题是，这样发展会出现什么？如果小剑恼羞成怒？如果小莹回心转意？结局难料，可任何一个结果都是我们不愿意看到的。

　　回想起之前小剑的种种行径，老师终于发现自己原来如此可怜，竟被这个学生骗得团团转。难怪心中形成了一股"飓风"，自然是恼羞成怒，若小剑此时不是正在上课，也许将会是另一个结局。所以，遇事冷静应该是老师的基本能力，学生的事没有什么不可以冷静处理的，何况只是一个陷入困惑的学生。

看见最美，引导走向成熟

　　苏霍姆林斯基指出："任何一种教育现象，孩子在其中越少感觉到教育者的意图，它的教育效果就越大。"可是案例中的老师却反其道而行之，给学生讲了一个故事，故事内容也许虚构，也许真实，主人公却就是学生自己，故事的前部分内容描述吻合现在的小剑，小剑刚开始"脸腾地红了"，也说明他有了强烈的感知。不得不承认，这是一个感人的故事，这个故事让小剑看到了最美的一面，给了他一个方向性的指示。当然，学生在成长过程中，"朝三暮四"的情感决定了他们不可能会有如此的坚持力，可是对于一个目前迷情于此的学生来说，如何在不打击他某种"优秀品质"，不破灭他那份最初、最真、最美好情感的前提下，引领他走出困境？这样的一个引导是值得称道的，也堪称一绝。就目前而言，应让小剑明白学习的重要性，明白努力学习是为了一个更好的未来，是获得幸福的保证，从而走出迷途，走向成熟。在未来，如果真的出现故事中童话般的结局，学生应该会感激涕零地膜拜老师的"高瞻远瞩"；可如果结局大相径庭，成熟以后学生，也自会淡然面对，多年以后再回忆起来，回忆那份青涩的感情，有感于年少的冲动，感慨老师的那份精心呵护，那颗博爱之心，学生也将会永远铭记，细细回忆，慢慢品味，也许就作为一种财富，一个珍藏的记忆。

为什么是故事，而不是劝慰。劝慰者从对立面的角度，带着强迫别人意志去扭转思维，这很困难，被劝者本能的抗拒，也会使得劝慰徒劳无功。而故事具有真实感，是对已有事件的再现，有一种榜样的力量，引人入胜，情境感很强，能引导学生根据故事角色来联系自己，对照自己，审视自己，反思自己。的确，这个故事给了小剑以启迪，使他豁然顿悟，原来可以这样，有更好的方式，有更美妙的结局。自己为什么不呢？古语曰："一毫跻攀不上，善处者，退一步耳。"既然现在攀高不成，何不退一步给自己一个机会，于是"几天之后，小剑把位置调了回去"，而且比以前用功了，成熟了，理智了，不可思议，耐人寻味，但非常可喜。

当学生陷入情感的迷途，我们又不知道如何去教育学生的时候，何不试着站在一旁，引导学生跳出角色去审视自己，看见最美。这样即使让学生知道我们在教育他，也足以让学生主动反思，深刻感悟，自我解困，走向成熟。

艺术应对学生的非常心理

25. 放大亮点
——应对学生冷漠心理

内心的冷漠自然显现于外表，那些外表看起来很是冷漠的人中不乏"装酷"者，可更多人却是不幸的。他们对人总是怀有戒心甚至敌对心理，既不与他人讲话，交流思想感情，对别人的不幸遭遇也会冷眼旁观，无动于衷，毫无同情心。现实生活中，这样的人很是令人讨厌。可为什么会有如此冷漠表现？探究其遭遇，也值得大家同情，通常他们也是因为遭遇冷落，受人欺骗等受到心灵创伤，或是受人漠视、轻视甚至歧视而逐渐形成心理障碍。一句话，他们也是可怜人。对于一般的学生来说，最大的原因莫过于长期缺乏关爱。

著名的心理学家哈罗博士的幼猴实验，证明"冷漠将会是隔开与他人交往的最有力工具"。一个冷漠的学生出现在你面前，他从不与人交流，把老师同学的热情一概拒之门外，而且冷不防搞一点动静，让同学害怕，让老师受惊，致使大家越发远离他。探其内心世界，苦楚依然可见，试想谁不需要朋友，谁不需要交往和沟通，可是他不知道如何开始，也不知道如何正确表露，更不知道交往是需要主动的，需要用自己的热情换回别人真诚的笑容。

小董是一个很内向的男孩，上课从不举手，偶尔让他起来回答问题，他只会傻傻地站着，课间也很少和同学一起玩，对其他活动也不太关注。刚开始的时候，我并没有特别地注意他。一次，学生向我报告，说他不小心绊倒了一个比他小一些的男孩，不仅没有扶起他，反而就从那男孩的身上跨了过去。怎么会这样？我想了解情况，可他一言不发。

在一次"给玉树的小伙伴献上一份情谊"的班会课上，播放了让人潸然泪下的感人影像，所有学生都热泪盈眶，唯独小董的表情依旧是那么的"波澜不惊"。

在这以后，我不断尝试与他沟通，试图通过谈话找到他的共鸣点，用表扬唤醒他内心深处的情感，可不管我多努力，他总是无动于衷。

怎么办？一时间，我一筹莫展。

一天，科学老师拿了一本《乌龙院》的漫画书给我，原来小董在上科学课的时候，偷偷拿出来看，被没收了。

呀，小董喜欢看书？我心中一喜，顿时有了主意。

于是我叫来小董，说："这是你的书吗？"小董没有抬头。

"看书是个好习惯。"

小董的头微微动了一下。

"老师准备把书还给你。"

小董看了我一眼，又迅速地移开。

"老师还想再借一本给你看。"

小董抬起头来，显出略微惊奇的表情。

"这本《100个国家100个有趣的故事》，先借给你看，看完了若能说出其中一个故事，老师就把这本《乌龙院》还给你，不过不能在上课的时候看。"

我看到了小董的脸上掠过了一丝笑容。

几天后，小董拿着书来我办公室，在门口徘徊了半天，正准备离开的时候，我把他叫了进来。

"这本书看好了？"我随手翻了一下，发现一个很惊奇的事，我想他肯定知道，于是问他："由金子堆积起来的国家是哪个？"

"文莱"，小董的声音比蚊子大不了多少，可我还是第一次听到他的声音。

"嗯，不错，记忆力很好，这本书比你的《乌龙院》好看吧？"

小董点了点头，又看了我一眼，我知道他的意思。

"你还想看，对吧？"见小董点了点头，我继续说："不过这次你要记得，把你觉得有意思的故事讲给老师听，好吗？"

我把他的书和一本《100个国家100件珍贵的国宝》一起给了他。几天后，他又向我借了一本《100个国家100样神秘谜团》。后来在班会课，他向同学们介绍了《印度，巨石升空之谜》，博得了同学们的阵阵掌声。

从《汤加，房子可以随意搬动的国家》到《足球，巴西最大众化的国宝》，小董给班里的同学讲了不少的故事；从《小鲤鱼跃龙门》、《找回来的世界》到《新爱的教育》，小董已经从我这儿借了不少的书了。

从那以后，小董会笑了，经常在课间讲故事给同学听。

一天，我问小董，你看了多少书了？他又从我这儿拿了所有曾看过的书，翻腾了半天，回来告诉我，"老师，我看了1001页了。"

我一惊，一千零一夜？哦，是一千零一页。

是呀，一千零一夜的故事让一个凶残的国王变得可亲；一千零一页的故事，让小董找到属于自己的那份自信，找到了一条与老师、同学沟通的桥梁。

本案中，老师可以说竭尽所能，体贴、关怀、关注、表扬……所有能用的方法一一使用，可学生依然"波澜不惊"，不为所动，可谓"流水无情落花去"。老师的付出，没有回报，磨光了耐心，淘尽了爱心，小董生那颗坚硬的心，宛如磐石一颗。一时间，似乎陷入了僵局，看起来冰点难融。可是为什么最后却能"峰回路转"，仅仅是老师发现了小董

153

"闪光"的一面吗？转化这样"冷漠"的学生，如何去找共鸣点，撞击出火花呢？

关怀需要持续不断

外表"冷漠"的学生，往往内心"狂热"而脆弱，眼睛揉不进半粒沙子，很容易因为一件很不起眼的事而"放弃"自我。也许是因为他们得到的关怀较少，可为什么老师给予了关怀，效果却不佳呢？这其实跟他的表达方式有关，他知道老师对他的关心，只是他不善于表达，内心很感动，表情却背叛他；内心"排山倒海"，面部肌肉却不为所动。于是大家就会对他产生误会，误会自己的热心贴上了别人的冷面，误会他是一个寡情寡义的冷漠之人。

此时，老师若"无奈放弃"，那么学生会更迅速地放弃自己，他会更加厌恶自己，厌恶自己的"笨拙"，为什么总是不能抓住合适机会做出热烈的反应。所以，当所有人都"离他而去"时，他会无奈，会自责，会更加严密地把自己"包裹"起来，害怕自己的"秘密"被人窥窃，害怕与人交往，从而远离人群。可当有一天，他的某种权益或尊严受到难以接受的侵犯时，刺激来临，他会在沉默中爆发，做出常人无法理解的举动，表现出比常人可怕很多的行为。

可贵的是，老师没有放弃，没有因为学生的"毫无反应"而放弃，没有因为他的不寻常举动而感到失望和不可理解，而是持续地关注，并不断地寻求破解之道。一位学者说过，只要精神的阳光持续地照临他们的心灵深处，就能暖透他们，最终唤醒他们。是呀，也许小董内心深处的潮湿面太多，需要的阳光也要多一些。给予学生温暖的阳光，多一句关心的话，多一个关爱的举动，多给学生一些又有何妨呢？案例中，如果老师没有给予无限的关怀，持续的关注，也就没有小董如此发自内心的感悟和改变。

真诚地寻找学生的亮点

老师们都知道，发现学生亮点是教育学生、转化学生的一个有效切入点。可如何发现亮点，放大亮点，有效激发学生内心真正的需要，又是老师们真正要攻克的课题。像小董这样的学生，过于内向的性格制约了他各项能力的发展，寻找他的亮点简直如大海捞针，最后往往是亮点没发现，缺点倒是一把抓。

我们应该坚信每一个学生都会有亮点，表现优秀的学生自然优点"一大把"，信手拈来；表现平平的学生自然也有优点，待人友善，对班里工作热心，热爱劳动，等等；什么都"不行"的学生，也总有自己酷爱或是愿意投入精力的一件事。这样看来亮点谁都有，问题是能不能作为亮点。喜欢看书，能作为亮点吗？相信大多数老师会否认，会不以为然。可案例中的老师发现被没收上来的《乌龙院》后，没有叹气，没有责备，反而心中一喜，"呀，小董喜欢看书"，顿时有了主意。针对上课看书，老师用了三句话——"看书是个好习惯"，"准备把书还给你"，"想再借一本给你看"。学生大感意外，从"头微微动了一下"、"看了我一眼"到"抬起头来"的变化，可以看出，老师的几句话非常具有"魔力"，直接撞击到了小董的内心深处。

寻寻觅觅，老师发现了小董不是亮点的亮点，可以说是"无奈"的发现，也是不得已而为之的事。记得一位教育名家说过："打着灯笼寻找学生的优点，用显微镜来观察学生的'闪光点'，尽可能地创造条件让学生有展示自我的机会，满腔热忱地欢迎每个学生的微小进步。"对，发现亮点仅仅是开始，仅仅是与他进行有效交流从而进入正常接触的开始，如何放大亮点是能不能让他融入集体的关键，否则就是让他看一百年的书，也看不到他与同学交流的一天。

放大亮点让同学们看到

　　放大亮点，让学生在同学面前证明自己，重拾自信，找到自我，实现自我价值。看书，之所以能成为小董的亮点，关键是能发挥他博学多知的特长，让同学们"看见"他，让他去证明自己的存在，给大家带来快乐。如何放大？给他机会，去证明自己，而看看书又怎能证明自己呢？答案是讲故事，讲别人都不知道的故事，把惊喜带给大家，让大家接纳他，重新认识他，喜欢他。于是他越来越能敞开心扉，越来越主动，与同学交流就顺理成章了。

　　一个学生自信心的树立，往往从老师的一句话、一个动作，同学们的一次掌声开始。当然，自信的崩溃也往往因为这些不经意的小事。让一个"极不自信"的学生树立信心，如此"冷漠"的学生走向人群，需要一个循序渐进的过程。案例中，老师一开始并没用马上让他讲故事，而是先利用"考核"的方式进行"奖励"，"奖品"是可以继续借书，让他慢慢地适应老师，取得对老师的信任。相互接触也从易到难，从少到多，从回答问题到讲一则故事，从给老师讲故事到给大家讲故事，再从给大家讲故事到给个别同学讲故事。这是一个精心策划的过程，需要老师的耐心和智慧。

　　为什么选择讲故事，而且先大家后个别呢？这是教育智慧，是大学问。因为他与同学都有陌生感，个别交流时会开口无言。而故事是有内容的，是事先准备的"讲话稿"，若能流畅地叙述，讲话的恐惧感会降到最低。刚开始先面向大家的好处是，有老师在，即使大家一时不能接受他，也得给老师"面子"，个别学生看到老师这么重视他，自然也会对他另眼相看。从学生角度来看，给大家讲故事时，有老师在场主持大局，因为有了给老师讲故事的经验，再讲一遍也就不会那么害怕。如果同学们能给予他肯定的回应，就表示大家开始接纳他。解开心结后，他就能自然地走进大家。从群体到个体，从疏远到亲密，水到渠成。

教育是慢的艺术，一点都没错，一千零一页，也算是一个"漫长"的代名词。让一个自我封闭的冷漠学生，逐渐走向人群，需要给予多少关怀，倾注多少的心血。当然，改变的艰难，付出的心酸，在得到"回报"的那一刻就都显得微不足道了。

26. 沟通双赢
——应对学生逆反心理

孩子在很小的时候，会用激烈的哭闹去反抗父母，来满足自己的愿望，那是一个自立发展、自我掌控意识开始出现的信号。更大一些，他们往往希望突破父母的束缚，经常会做一些与老师和父母要求相反的事，以显示自己独立的一面，不受束缚的一面，那是学生自我意识全面唤醒的开始。从发展心理学的角度分析，这是人的一生中两个必然经历的"逆反期"，是决定孩子性格发展及独立人格形成、独立意识凝聚、独立能力发展的关键期，这两个时期的教育考验教育者的智慧。

逆反，算作一个单向性用词，是教育者从自身的角度看待学生反抗行为的专用名词。若从学生的角度，应为据理力争，争取自我权益。师长总希望学生能"听话"，能实现师长心中的"期待"，能按"标准"去控制自己的言行，遵守各项"规则"。若学生有逾越行为或实现不了"期待"，难免会有批评或责备出现。此时，学生独立的渴望、强烈的自我意识会促使他们为自己的"自由权力"去抗争。这时老师若不理解学生，言语激烈一些，那么逆反事件就容易发生。可见，逆反不仅有生理、心理原因，更有具体原因，也就是教育原因。有时师长的不理解行为，过激言语等，都是学生产生逆反的导火索。

在阳光体育跑步测试中，我班的小东刚开始领跑大部队。跑了两圈后，他去喝水了，还去了一趟洗手间，这样，他就落在了后面。结果，平时体育成绩优异的他只得了67的及格分。体育方老师非常生气，劈头盖脸地批了小东一通，说他拖了班级后腿。小东自觉理亏，悻悻地咕噜几句，没再吱声。

艺术应对学生的非常心理

第二天，方老师想把成绩汇总一下，为了方便，让大家把成绩报报。轮到小东时，问了两回，小东都没有吱声。方老师火了，大吼一声："小东，你聋了，分数多少？"

此时，令人意想不到的是，小东也是一声吼："你才聋了，我不知道。"

全班学生愕然，方老师愣了一下，随即上前一把抓住小东，厉声喝道："你说什么？再说一遍？"

小东不知哪儿来的勇气，大声地应到："我不知道。"

抑制不住火气的方老师，把小东揪了出来，双方扭在了一起，学生们吓坏了，急忙跑来找我。

我让小东赶紧松手，并给方老师赔不是。可小东紧紧地握着双拳，气喘吁吁，眼睛恶狠狠地瞪着。我见一时难以平息，跟方老师说："你先上课，让小东先去我办公室。"

让小东坐，小东不肯，我半开玩笑地说："小伙子，火气大了会伤身的，坐下吧。不管什么委屈，喝口水再说。"小东犹豫一下，坐下来喝口水后，似乎平静了许多。

"这么生气，看来有很多委屈喽？"

小东似乎点一下头，看了我一眼，没有吱声。

"说说吧，可以从跑步说起。"

小东整理一下思路，娓娓道来。原来昨天跑步时，原以为自己领先那么多，喝口水来得及，没想急忙中把水倒在裤裆上，像是小便拉在裤子的那种，他心里一阵紧张，赶紧跑去换一条裤子，结果就慢了。

"哦，原来如此。那你今天为什么生气呢？"

"方老师已经知道我的分数了，今天还问。"小东有点愤愤不平。

"你觉得自己成绩不太好，已经很难过了，是吧。"

"是呀，他昨天都批评好几回了，今天还……"小东的眼睛有点湿。

"哦，"我点了点头，看小东没继续说，试问了一句："那你解释

159

了吗？"

"昨天我想解释，可方老师没听。"见我只是点了一下头，小东幽幽地说："也许是我成绩太烂了，他很生气。"

"方老师经常夸你，说你是体育人才呢。"我看到小东的眼睛亮了一下。

"方老师平时对我挺关心，测试前还在别的体育老师前夸我，说我可以考第一名。……看来，我真是辜负了他。其实，我当时可以继续向前跑。"小东懊恼地说。

"是呀，方老师对你寄予厚望，希望你能为班集体争光。"

"老师，你觉得方老师还会原谅我吗？"小东有点着急地问。

"当然，方老师把你看成他的得意弟子。"我顺势推进。

"老师，我想回操场上课了，您能陪我一起去吗？"小东似乎做了一个重大决定，然后小心地问。

送小东前往操场的路上，远远看见方老师翘首企盼。见小东过来，他的嘴边掠过一丝笑意，看到小东诚恳道歉，他拍了拍小东的肩膀，开心地笑了。

课间，看见方老师和小东搭档，玩起"2对3"篮球对抗赛，赢得阵阵欢呼。

如此学生"顶牛"事件，平时比较常见，"不了解内因"和"不理解对方"的"两不"行为，是发生此类事件的主因。若不及时调解，任由误会发展，陷入恶性循环，结果会更糟，甚至导致师生对抗升级和延续。

利用同理，挖掘深层内因

通常我们把师生冲突称为学生"逆反"，说学生有了逆反行为。产生叛逆情绪的学生有两个极端表现，一面是无比紧张、害怕，另一面却是无惧无畏的"破罐心态"。所以，老师释出善意让学生先适当放松是首要任务。有的老师期望通过劈头盖脸的指责来强行压制，结果老师"压得越狠"，学生"跳得越高"。案例中，老师给了小东一张凳子，小东刚开始不愿坐，有的老师心里会说，"怎么？不坐，'给脸不要脸'"，然后"一蹦三尺高"。其实，真的不能误会学生的这个动作，实质是学生表达自己委屈的一种方式，跟老师"顶牛"时情绪的延续，是"心里很想，嘴上逞强"行为。案例中，老师以幽默轻松化解，"小伙子，火气大了会伤身的，坐下吧"，学生顺势而下，于是坐下来，喝一口水，然后"似乎平静了许多"。这是幽默的魅力，小东享受老师给予的尊重后，情绪上得到了满足。

与人发生冲突之后，心里最急迫的是什么？找人倾诉，并希望有人能理解他的冲动行为，能体会他的情绪和想法，理解他的感受。简单地说，希望得到同理。在学生发生矛盾冲突后的沟通中，老师的同理心非常重要，是设身处地理解学生，让学生感到自己被接纳，从而身心放松，感到满足，升华到心情愉悦的关键；是一项有助学生自我表露、自我挖掘，探究事件发生的深层内因，解决矛盾的心理咨询技术。老师的两句话，"这么生气，看来有很多委屈喽"，"可从跑步说起"，第一句就是同理。站在学生的角度去理解，小东发现老师再度释出善意后，心情开始放松。可他为何没吱声呢？毕竟这事有多重原因，可能感觉不知该从何说起。所以第二句话"从跑步说起"，是老师洞察小东内心世界，做到真正理解他的关键，给个提示，让他有话可说。果然，小东道出了一个令人意想不到的内情。

善于倾听，唤起深刻感悟

师生沟通中，老师的倾听是有效沟通的必要部分，是感情通畅和启迪学生深刻感悟的重要手段。在冲突后诉求者的倾诉过程中，倾听者往往会左右结局的发展——一是倾听者不讲原则地支持，冲突就会升级，这是俗语说的"火上加油"，这倾听者要么是他最亲的人，要么是别有用心的人；二是倾听者不加分析地全盘否定，让诉求者再次受挫，造成反弹，迫使沟通中断；三是倾听者在倾听过程中循循善诱，不断启迪，唤起倾诉者的深刻感悟，反思自我，并能理解对方。

案例中，老师三言两语就把小东的对抗情绪化解，并进行了转移，转向了对老师的理解。"哦，原来如此。那你今天为什么生气呢？"这是老师对小东烦恼倾诉的一种理解，意在唤起他另一种情绪的宣泄。于是小东把自己愤愤不平的原因表达了出来："方老师已经知道我的分数了，今天还问。"他的言外之意是自己已经很内疚，很后悔，希望老师能体谅他，"放他一马"，无需多此一问，偷偷地把分数登上去就好了，可老师故意为难，揭他的伤疤。可见，这就是小东"逆反"的真正原因。接着，老师运用共情，"你觉得成绩不太好，已经很难过了，是吧"，用进一步理解来接纳学生，直接释放了学生的悲伤情绪，"他昨天都批评好几回了，今天还……"小东的眼睛有点湿，释怀了，心情得到了平静。在"那你解释了吗"的提示中反思自己，对呀，我解释了吗？老师为什么生气？案例中老师"点了点头"是倾听的一项技术，用来表达对学生的理解，用等待来唤起学生深刻的自我反思和感悟。最终，学生领悟了，原来老师没听我解释并批评我的原因是"也许是我成绩太烂了，他很生气"。小东幽幽地说出，"幽幽，深远也"，也说明他进行了深远的思考，大彻大悟。

沟通双赢，走向深度情谊

学生的反思，有时只停留在自我认可层面上，认为自己大部分是对的，只有些许不足需要完善，很少会看到对方的优点和给予自己的善意。因此，这里的沟通成了双方走向双赢的关键，在师生沟通中，作为相对主动的老师一方，有时利用"有效地直接告诉"法，能让学生直接领悟。如案例中老师的"方老师经常夸你，说你是体育人才呢"，"希望你能为班集体争光"，"方老师把你看成他的得意弟子"，简单的三句话，让学生豁然开朗，原来老师对我寄予厚望，而我如此表现，怎么不令他失望呢？深刻领悟后小东"眼睛亮了一下"，表示方老师对他挺关心，自己辜负了他。这是真情流露，深深懂得老师为何如此，自然"低回愧人子，不敢叹风尘"，急切地问"你觉得方老师还会原谅我吗"。在得到肯定答复后，他迫不及待地要求去上课，可有点担心，提出要求老师陪同。

可以看到，老师对学生的任何指责，本意都是为了学生能够更好，只是有时所采用的方式得不到学生认同而已，"刀子嘴，豆腐心"是很多老师的写照。案例中的方老师也一样，在与学生发生冲突之后，他深深地内疚，小东的成绩已经这样了，何必呢？不应不去深入了解原因，就无端指责，真应该听听他的解释，若他现在回来，就既往不究。于是我们看到和谐的一幕——"远远看见方老师翘首企盼"，"他的嘴边掠过一丝笑意"，"看到小东诚恳道歉，他拍了拍小东的肩膀，开心地笑了"。冰释前嫌，一切都成为了过去。

心里装着学生，为了他们无私地付出，希望他们能实现自己的期望，可有时会因"恨铁不成钢"的心态而着急，甚至失衡。可当学生重新回来时，照样敞开怀抱，无条件地拥抱他们。这就是老师——天底下最可爱的人。

27. 你最珍贵

——应对学生自卑心理

当一个人发现自己缺点的时候，都自然会产生一定的自卑心理。有的人会因此不停地去寻找，结果自己的缺点越找越多，自卑感就越来越强烈，甚至到了怀疑自己，不能自拔的地步；而有的人却能理性分析自己的缺点，把自己的缺点分步骤进行完善；而有的人不只能看到缺点，更看到自己的优点，并忽视缺点，发扬优点，让自己光芒四射。

学生在成长时期，经常会因为自己的相貌、成绩包括家庭背景等原因而轻视自己。就像杜甫的《雨》所表述的一样："穷荒益自卑，飘泊欲谁诉。"这种心态一旦形成且没有及时得到正确的纠正，长此以往，就会成为一种性格缺陷，在诸多方面都会表现出对自己的能力、品质评价过低的现象，如在与同伴相处时表现为战战兢兢，缺乏自信；遇到事情表现为畏首畏尾，没有胆量；凡事没有自己的主见，随声附和；一遇到有错误的事情就以为是自己不好，首先自责，有时稀里糊涂做冤大头；等等。在情绪表达方面，经常可以看到他们有害羞、不安、内疚、忧郁、失望等表现。在老师的眼里，他们谨小慎微，是听话的学生；在同学们的眼里他们善良礼让，是友好的伙伴；可在自己的心里，他们经常会责备自己，讨厌自己。

小枭是我们班最矮小的一个学生，他的父母想尽了一切可以想的办法，打针、吃药、每天吃营养品，甚至去医院做一些"拉伸"，期待小枭能长快一些，可效果似乎不是很明显。

不过别看他矮小，他的篮球水平挺高，据说有时罚篮能两罚全中，打后卫的他，运球非常灵活，能在人群中自如地穿梭，经常能把一些高个队员晃得晕头转向。可就是因为个头太矮，比赛时的投篮经常被人盖帽，而且也因为禁不起正常的碰撞，他失去了很多上场的机会，因此他经常会为此感到自卑和烦恼。

一次校篮球队选拔队员，他落选了，看上去有一些失落。记得那是一个快吃晚饭的下午，他独自在流泪。

"咦，小枭怎么还不去吃饭呢？"我关切地问。

小枭犹豫了半天，说："老师，我问您一个问题，我都12岁了，怎么老是长不高？还有您看，我努力打球，却还是落选校篮球队。"

看着这个"可怜"的孩子，我一时心酸，不知如何回答。于是我带他去校园散步，希望能帮助缓解他内心的些许痛苦。

来到了一排铁树前，一个想法掠过了我的脑海，我问小枭："你知道这种植物吗？"

"好像叫铁树吧。"小枭漫不经心地应着。

我问："对，那你知道铁树的一些知识吗？"

"不知道。"小枭还是漫不经心地应着。

"听说过'铁树开花，哑巴说话'这句话吗？就是说很难看到铁树开花。你看，这几颗铁树是在我们新校园建起来的时候栽下的，离现在有十年了，到现在还没有开过一次花。"

"怎么这么慢？"小枭不解。

"这样开出来的花才珍贵嘛。前几年某报纸报道了一次市内某地铁树开花的新闻，竟然引起了轰动，大家争着赶去观赏。"我解释道。

"哦……"小枭似乎略有所悟地点了点头。

"你知道为什么大家都要争相观赏吗？"我继续提示小枭。

"为什么？哦，可能是因为比较少吧？"小枭的回答慢慢地接近了我的提示。

"是呀，物以稀为贵嘛，少的东西自然就珍贵了。可你知道吗？珍贵的东西一般都长得很慢。"我微笑着告诉小枭。

165

"珍贵的东西长得慢？"小枭仰起头看了看我。

"对，珍贵的东西长得慢，比如说你……"我进一步提示。

"那您的意思就是说我长得慢，也是因为很珍贵？"小枭恍然大悟。

我赞许地点了点头，"是呀，在我们班里，就算你最珍贵了。"

小枭微微地笑了一下，从谈话到现在，他终于展现出了笑容。

"来，为了班里有这么一个珍贵的你，我们一起去庆祝一下，老师请你到学校大食堂吃晚饭。"我幽默地说。

"哈哈！好，吃饭去。"小枭终于开心地笑了。

吃饭时，我给小枭讲了美国篮球明星1.60米的"小虫"博格斯的故事，一个NBA史上最矮的球员，他曾经创造了助攻和失误比最小的NBA历史纪录。这个被誉为"拥有钢铁般的神经和迷人的球技"小个子，还代表美国夺得世锦赛冠军。

小枭非常惊讶，眼睛里闪烁着光芒。

篮球场上，我又看到了挥汗如雨的小枭，一个月后的校体育节篮球比赛，他发挥了自己快速灵活、能组织、会传球的特点，不仅为我们班赢得了亚军，还如愿地以候补的身分进入了校篮球队。

一个身材矮小的人，意味着他与那些高个子才能参加的游戏活动绝缘，可个头矮小的小枭却对篮球运动情有独钟，落选校篮球队后，他油然而生的那份自卑感，让人心痛。该如何帮助他看到自己优秀的一面，激励他重新认识自己，重拾信心，走向优秀呢？

你最珍贵

自卑如何产生？因素可能有很多，外在的挫败导致了人的意志力被削减，从而造成内部心理失衡是关键因素。有时候，失败未必是件坏事，它可以使人增长智慧，积累经验，磨炼人的承受能力，所谓"失败乃成功之母"。可对于很多人来说，特别是心理素质较差的人，失败往往会打击他的信心，摧毁他的意志力，使他产生自卑心理。小枭就是这样，喜爱篮球，可身材矮小，难堪大任，落选了校篮球队后，独自流泪，无限悲伤，自卑情绪浓厚。悲伤最需要的就是宣泄，简单的安慰会让学生觉得老师不理解而不愿意进一步分享。所以劝慰悲伤的人时，切不可"伤事"重提，揭起伤疤，重要的是缓解对方的情绪，进行悲伤转移。案例中，老师一是通过"带他去校园散步"缓解小枭内心痛苦，二是跟小枭聊铁树，转移了他的悲伤话题，而且以"铁树"这个话题来激励他看到自己可贵的一面。

铁树有什么可贵的地方，贵在它的花因为开得"慢"所以珍贵。而小枭却是因为长得慢，而感到自卑，所以利用"铁树开花的珍贵"来弥合，来启迪学生。于是我们看到在案例中，老师通过与小枭聊铁树，聊铁树开花的珍贵，让他从铁树开花的惊喜中，从"珍贵的东西一般都长得很慢"中，看到自己的珍贵一面。可以看到，通过一个话题老师成功地转移了小枭的悲伤情绪，而且成功唤起了他的自我认同，使他的心情也开始愉悦起来，最后在老师的一句幽默中，开心了起来。这是一种情绪力量，能够激励学生在一定时间内成功地接纳自己，正向地影响他的生活和学习。

榜样激励

开心是时段性情绪，这种心情会随着环境的变化而改变，随着时间的流逝而消退。欲让一个自卑的学生能够长时间保持内心愉悦感，并坚定地保持信念，那就必须唤起学生内心的梦，让他持续不断地去追寻，"胜不骄，败不馁"，去实现自己的梦想。是什么力量能有如此坚持力？答案正是榜样的力量。榜样的激励作用是无穷的，有时一个合适的人，一个令人感悟的故事，一段恰当的话语，看似平凡简单，却能点燃许多人心中的激情与梦想。"以人为镜，可以明得失"，榜样不仅是一面镜子，也是一面旗帜，更是一个动力源。

小枭是一个矮个子学生，梦想却是打篮球，有何榜样可以激励，老师讲了美国篮球明星1.60米的"小虫"博格斯的故事。同样的身材，同样的境遇，而人家却用自己的努力"创造了助攻和失误比最小的NBA历史纪录"，换来了大家的尊重和喝彩。这个榜样给了小枭强烈冲击和精神感染，在他的心中激起了惊涛骇浪般的波澜。原来，竟然也有人和我一样"同是天涯沦落人"，可他却能用不懈的努力来证明自己，成为"拥有钢铁般的神经和迷人球技的小个子"，那么我为什么不呢？高尔基说，人只有两种生活方式，腐烂或燃烧。胆怯而贪婪的人选择前者，勇敢而胸怀博大的人选择后者。所以"小枭非常惊讶，眼睛里闪烁着光芒"。可以得见，这个激励作用是难以磨灭的。

这是一次有成效的谈话，选择在吃饭期间，是否有学问？看起来老师似乎并没有什么刻意安排，而是时间到了去吃饭，然后一起聊聊。要知道这就是学问，有效的谈话必须有最为放松的心情作为基础。而学生什么时候最放松，一是坐下来的时候，肌肉最为松弛，心情最为放松；二就是吃饭的时候。英国一项最新研究称，学生在吃饭的时候，是最放松的时候，最容易接受建议。可以说这次有效的沟通并不是偶然的。因此，任何一项有成效的教育，都是精心安排的结果。

重拾信心

信心来自对成功的积累，成功当然需要努力的付出作为基础，所以说成功会像滚雪球一样，不断积累，不断壮大。可是小枭的成功来自什么？这个落选校篮球队的学生，能获得成功吗？凭一句"你最珍贵"，一个"小个子球星"的故事，能给他带来源源不断的动力吗？要一分为二地看：首先必须有学生自身的努力，我们又看到篮球场上挥汗如雨的小枭；其次就是要有成功的机会，"学校体育节篮球比赛"，老师给了小枭发挥自己快速灵活、能组织、会传球的特长的机会，让他去赢得胜利，赢得尊重，赢得老师的赞赏、同学们的喝彩，去赢得校篮球队教练的青睐，更赢得自信和奋斗的动力。

　　动力需要加油站，小枭的动力加油站在哪里？能够入选校篮球队，是他前进的一个目标。在经过一系列的努力后，小枭如愿了，可很有意思的是他以"候补身分"进去了，为什么不是正式的？因为正式的校篮球队员在一个月之前就已经选拔好了。所以，这一次是对小枭付出努力的额外奖励，是前进路上的一次能量补给。这一次"加油"对小枭来说意义非凡，是他理想实现、走出自卑情绪的开始，如果没有这次"成功"，那么小枭很可能会有长时间的消沉，也许以后的任何激励都不那么容易撞击他那颗已经不再那么"驿动"的心了。关键呢，为了能够让小枭获得这个机会，老师应该会跟校篮球队的教练去磨很多的嘴皮子，最终说服他让小枭破例进校队，让小枭重拾信心，吹响他前进的号角，使得他能够再次向成功迈开步伐。

　　对于一个学生来说，如果有失败所带来的自卑感，那么很难用其他方式唤醒他前进的动力，有时用再贴近心窝的语言也不能打动他。你最珍贵，在于让他看到自己坚韧的一面，唤起他内心的巨人，让他明白失败并不可怕，只要有信心，总会有成功的一天。即使身材矮小，也可以做一个内心高大的人。

28. 重上战场
——应对学生畏惧心理

畏惧之心，人皆有之。害怕、恐惧，不敢面对，特别是经历挫败之后，往往会表现出一种消极的情绪。俗话说，"一朝被蛇咬，十年怕井绳"，畏惧心理会放大一件事的难度，德国有句古谚"怕狼，狼变大"，这也就是我们平时经常提到的"怕什么，来什么"。的确是这样，平时经常会有人提起自己最怕什么东西，这种强调的方式会把那种轻微的担心变成一种畏惧。在日常生活中我们会面对各种各样的问题，不害怕的问题我们当然能够迎刃而解，即使有难度也不会往心里去，可是遇到自己曾经失败过的，刻骨铭心的，心态自然就会有所不同，面对时就不自信，畏惧就会出现，怕什么，就来了什么。

学生畏惧心理的产生也是如此，作业有难度，完成不了，于是就害怕做作业；与人交往时，总是不愉快、起冲突，于是就害怕交往；课堂上老师经常会提问，自己经常没有理解问题却被老师叫起来回答，一问三不知，于是害怕老师，甚至害怕上课；参加某项比赛，却总是输得一塌糊涂，从此就不再有兴趣，远离这项运动。遇到学生如此心态，老师如何帮助学生刺破畏惧心理，走出阴影？有这么一句激励语，"哪儿跌倒，哪儿爬起"，就是帮助学生用解决问题的态度，充满自信地去辛勤耕耘，去取得突破，去赢得胜利。

学校乒乓球单打比赛，小阳三战皆输，名列小组最后一名，惨遭淘汰。作为去年的单打黑马第三名，今年一场未胜被早早地淘汰出局，严重地打击了小阳的自信心。在接下来的班级团体比赛中，小阳一再表示自己不再参加，可我知道这是小阳再次证明自己，战胜畏惧心理的机会，要不然小阳会陷入困境中难以自拔。我把小阳排在了最后一位上场,并告诉他,老师这样安排是为打五场艰苦比赛而准备的,老师依然相信你的实力。比赛嘛,气氛相当重要的,我动员了班里所有的学生前来观战。

比赛出现了意想不到的局面,前四场比赛双方竟然打成二比二平,时间也拉得很长,对方班拉拉队员纷纷去吃晚饭了。我把班里的学生留了下来,给小阳加油助威,期待小阳能在同学面前展示自己,证明自己。

小阳似乎也感受到了这一点,第一局比赛,双方实力相当,可小阳过于急躁,疯狂地进攻,恨不得每一个球都能把对方一下给扣死,结果造成了自身的大量失误,一上场就以一比五落后,虽然我叫了暂停,可小阳的这种"调子"始终还是没有调整过来,短短几分钟就以三比十一告负。班里的拉拉队员一片哗然,我赶紧稳定大家的情绪。

我叫来小阳,故作轻松地对他说:"小阳,老师相信这不是你的真正实力。你看刚才的这局,对方的主动得分只有两分,其余九分是你失误送的,你可不能这么大方,接下来你不要光想着扣球,先稳稳地接住,做到自己不失误。"

小阳点了点头,我让他喝了一口水,看他稳定了情绪后,才让小阳重新上场。这次,小阳吸取了刚才的教训,稳定了很多,跟对方打起了拉锯战。九比九平后,轮到小阳发球,我叫了一次暂停,吩咐小阳,发上旋球到对方正手位,然后强攻,"老师相信你扣球的实力。"

果然,在小阳两次发球强攻下,对方毫无准备地连输两分,十一比九,小阳扳回了一局,助威团发出了震耳欲聋的呐喊声,"小阳真棒,小阳加油!"

第三局比赛,小阳挟着第二局胜利的余威,连续得分,以三比零开局。对方队员似乎被小阳打垮了,失误连连,最后很快落败。在这场三局两胜制的比赛中,小阳取得了胜利,同时也为我们班赢得了最终的胜利。

"我们赢了,小阳真棒!"在学生阵阵的欢呼声中,我们拥着小阳去食堂，这天晚餐，小阳吃得很开心。

我知道这次胜利对小阳的意义，接下来的比赛，我把小阳提到第二主力的位置。因为各班都会把实力较强的安排为第一主力，以求开门红，而第二主力都相对较弱，这样也可以充分展示小阳的实力。他也很珍惜这个机会，在接下来的六场比赛中，获得了五场比赛的胜利。最终，我们班获得了乒乓球赛团体冠军。

表彰会很隆重，五位球手受到了英雄般的礼遇，在大家的欢呼声中，礼仪队员为他们佩戴上代表荣誉的"冠军礼带"。由于小阳的胜率最高，被授予了"得分王"称号，我亲自为他戴上代表"得分王"的帽子，对他说："你可是大功臣。"

帽子小阳一直戴着，睡觉时，就放在枕头边上。凭借这次乒乓球比赛的出色表现，小阳幸运地入选了校乒乓球队。由于他训练异常刻苦，入选了参加县乒乓球团体赛的五人队伍，并获得了县团体第三名的好成绩。

学生往往会因为一次不经意的失败而否定自己，进而全面地失去信心，严重的甚至产生畏惧心理。小阳就是这样，不仅输了比赛，还差点输掉了自己。如果没有老师及时扶一把，让他用胜利找回自信，就不会有他全面出色的表现。

失败，呼唤重上战场

众目睽睽之下的失败意味着什么？那是一次自信心的全面摧毁，很多人就此走不出失败的阴影。案例中的小阳，去年以黑马的角色取得了学校乒乓球比赛单打第三名，多么荣耀，多少亲密朋友为他庆贺，多少"粉丝"为他着迷，也令多少对手的内心感到愤愤不平。于是，今年大家对他格外重视，充分研究，一方是谨慎应对，而另一方却马虎行事。结局可想而知，小阳"三战皆输"，小组垫底。这让自己如何接受，情何以堪，有何颜面去面对"江东父老"，情绪自然低落，心情难免痛苦。一时间，他对自己也产生了全面怀疑和否定，对即将开始的班级团体赛，也"至今思项羽，不肯过江东"，一再表示不会再参加。小阳如此的表示，一是掩饰自己的悲伤情绪；二是的确产生了畏惧心理；三却是内心有强烈重上战场求胜的欲望，确因失败而无奈请求退出。此时，老师若予以责难，会彻底打击他的自信，容易促使他走向极端；若给予同情或理解，那会彻底勾起他的悲伤情绪，泪水如东逝水，滚滚而来。

情绪的宣泄会彻底稀释学生心中的斗志，无助内心火焰的燃烧。看到案例中的老师什么都没有说，既不安慰，也不打击，就当什么事都没有发生，原来怎么安排，现在就怎么安排，告诉学生老师做了艰难的准备，第五个出场是相信你的实力。这显然是非常智慧的一个对策，一个失败后的人，虽有畏惧心理，可更有一口不服输的气，"屡败屡战"就是最好的见证。既然安慰和责备都不是最佳的对策，那么，给予机会才是上策。所以我们看到老师安排学生重上战场，可为什么是第五个？因为小阳毕竟只是曾经的黑马。什么是黑马？《现代汉语词典》的注释是"比喻实力难测的竞争者或出人意料的优胜者"，第五个上场机会较少，五场三胜制，输赢前三、四场基本能确定，一个曾出乎预料赢得胜利的选手，安排最后是稳妥的选择，让他多看看别人的比赛来反思自己，冷静一下，自己为什么会如此一败涂地。可这事不能坦白地告诉学生，要有所掩饰，也要有所期待。

胜利，燃起上进欲望

果不其然，这个掩饰起到了作用。案例中，比赛出乎预料打成了二比二平，不得不进行第五场比赛。试想，如果毫无"掩饰"让小阳知道老师的安排意图，那么这场比赛小阳还能打吗？此时，老师心里肯定也在暗暗庆幸。比赛开始，有了失败"惯性"的小阳出现在大家的面前，急于求成，有勇无谋，凭着一腔热忱去拼杀。结果可想而知，不是被对方战胜，而是倒在了自己失误的拍下。看到了这一点的老师及时地进行了调整，给予小阳极大的鼓励，教会让小阳先退一步，稳一稳，在关键的一个处理中，再让小阳搏杀，释放他内心的力量，让他取得了胜利。胜利燃起了小阳内心的上进欲望，势不可挡。

　　胜利并不能单凭士气，还要靠技术。只有在技术相当的情况下，士气才能带来胜利。在接下来的比赛过程中，为了能给小阳带来更多的胜利，老师经过研究，把小阳提到第二主力，因为各班都把实力较强的选手安排为第一主力，第二主力相对较弱，可充分展示小阳的实力。老师发现了"软柿子"，于是让小阳去捏，一来小阳带着去年单打第三名的名气，挟"不战而屈人之兵"之威；二来小阳已经有了胜利的气势，有了成功的经验，狭路相逢勇者胜。小阳在接下来的六场比赛中，获得五场胜利，越胜利越自信，越自信就越胜利，完全找到了去年黑马的感觉。本来就是黑马，再当一次自不在话下。于是，一个有意为之可以预见的结果出现，小阳走出畏惧，找到了自我。这也足以说明，教育的确需要有心而为之，只有这样，才能收获。心的教育，换来心的收获。

激励，学生走得更远

　　成绩的获得必须有激励做保障，这样才会有源源不断的前进动力。《六韬·王翼》提到："主扬威武，激励三军。"军队没有激励，同样没有战斗力。小阳获得了胜利后，老师给予了奖励，召开了隆重的表彰仪式，让他置于这种热烈的气氛中。小阳体验到了一种自我满足感，享受到得到欢呼、被人认可的那种满足。奖励是什么？代表冠军的礼带和代表得分王的帽子，这里既有精神鼓励，更有物质奖励，学生非常享受，非常珍惜自己努力付出的胜利成果。一次惨痛失败经历之后的胜利收获，那顶意义非凡的帽子，小阳"一直戴着，睡觉时，就放在枕头边上"，觉得弥足珍贵，所以倍加珍惜。这份珍惜之情必定也激励着他走得更远，走得更好。也许这是他生涯中一项里程碑式的帽子，也许他会铭记很久，乃至终生难忘。

　　朱熹说："百学须先立志。"任何志向都不是凭空而来。这次乒乓球赛夺冠的经历，不仅让小阳彻底走出畏惧心理，更是他走向自信的开始。他把乒乓球作为自己追求进步，追求成长，追求荣誉，追求成功的一个志向。特别是幸运地入选了校乒乓球队后，他充分调动了自己的积极性，发挥出了所有能量，"训练异常刻苦"。这也说明激励给他带来了持续不断的动力。动力是进步的开始，也是一切努力的源泉。

　　畏惧是一种挫败的心态和消极的情绪，会很容易在自己的心中留下烙痕。所以，一定要在学生畏惧的心理尘埃落定，成为学生思想中一个固定的成分之前，就帮助学生马上识破它，制服它，消除它。同时帮助学生树立信心，建立不管今后遇到什么打击、威胁、难关，都经得起考验的坚定信念，在哪里失败，就从哪里爬起。这样，当学生站在制高点处理问题的时候，内心就不再是畏惧，而是自信。

29. 激起关注

——应对学生常衡心理

一个长时间的、一贯的思维进行不断积累，会慢慢在人的脑子里成为定势，从而形成一个"约定俗成"的概念。有一个游戏，让一个人先不停地说"爸爸"，这时如果问"你是谁生的"，他会不假思索地说"爸爸"。这是一个很有意思的现象，就是人的所谓思维惯性。人的思维惯性常会使人思考时出现盲点，缺少创新或改变的可能性。比如一个学生从小开始每次表现突出，就能得到奖励或表扬，如果偶尔一次没有兑现，就会产生挫折感而深受打击；一件自己能完成的事，父母或老师做多了，就认为是理所当然，若有一天让他自己去独立完成，他们会很惊讶，甚觉为难，甚至不予答应……这种下意识、无系统的反应，往往会左右学生的思维，从而导致现判断的偏差。

这种带有一定惯性的思维，成为一种习惯之后，会逐渐成为一种性格，难以改变。在平时的教育教学中，我们经常发现学生有诸多难以改变的思维方式，如作业忘做找借口，犯了错误找理由，考试不会看别人的卷子，遇到困难哭鼻子，等等。因此，打破这种因循以前的恒常心理，扭转种种"约定俗成"的反应，是我们在教育教学中引领学生走出大脑的懒惰，适应环境的变化，提高应变能力、创新能力的一项重要内容。

每个学期初始，我都会因为学生还小，许多事情做得还不完美，教室布置就自己亲力亲为，忙前忙后。每一次班容班貌布置，学生的积极性似乎总是不高，作品获得展出，兴奋劲没几天就消退了，即使布置好了，学生也视而不见，这一切似乎跟他们无关。

这学期开学，我征求学校的同意，保证布置一个不一样的教室，学校答应让我班延迟班容班貌布置的时间。在开学的前一两个星期，平时都是忙前忙后，催学生交作品，嘱咐学生带盆栽的时间。这个学期，别的教室热火朝天，我们教室却静悄悄的，学生发现，老师好像跟往常不一样，似乎没有把布置的事放在心上，是不是忘了？

一个星期过去了，看到别的教室日渐漂亮，我们教室的布置依然遥遥无期，陈旧的布置，显然已经不适应新学期蓬勃向上的气氛了。学生开始窃窃私语，老师怎么啦？

又一个星期过去，眼看别的教室都布置好了，其他教室的学生也开始诧异地发现"新大陆"——我们教室竟然还没有开始布置。眼看学校班容班貌评比在即，可老师还是没有布置教室的意思，再这样下去，怎么行？班长小航试探性地问："老师，我们的教室是不是该布置了？"

"是呀，该布置了。"见我回答很是坚决，小航似乎放心地走了。

可是，过了两天，学生们发现老师依旧毫无准备布置教室的意思，开始忐忑不安。我的一节课刚刚结束，不知是哪位学生冒出了一句："老师，我们什么时候布置教室呀？"一石激起千层浪，学生们开始七嘴八舌，"老师，再不布置就来不及了"，"隔壁班的同学都已经取笑了"，"这样下去我们会最后一名的"……

我见时机终于成熟，说："是呀，再不进行教室布置，我们班的班容班貌评比会倒数第一名的。可是谁来布置教室呀？"

"你呀！"学生异口同声地回答，绝不出乎意料。

我淡淡地笑了一笑，用"微笑的脸"郑重其事地朝所有学生"扫射"了一眼。

学生一片沉默。

"难道要我们布置吗？""我们不会呀？""怎么布置呀？""要做什么的？"学生疑惑不解，议论纷纷。

"对呀，你们当然能布置，想知道该怎样布置吗？"我肯定了学生的猜想。

"想不想去看看他们的教室布置？我们布置一个比他们还要漂亮的教室好吗？"我的鼓动性语言开始让学生们跃跃欲试。

于是，我带领学生到各个教室进行了参观。看到别的教室布置得很精致，学生的情绪被调动了起来，个个激昂，表示一定要把教室布置成全校最漂亮的教室。

接着，学生热火朝天地忙开了，取班名，设计班徽，思考班训，粘贴名言……布置绿化角，每人都从家里带来一盆花，比比谁养得最好，还进行了赏花大赛；布置展示角，学生建议要区别于其他教室只展示个别同学优秀作品的做法，给每个人一块展示区，比比谁的作品多，自己邀请评委，评评谁的作品好。

看着教室在自己的手中一点一点变得漂亮起来，学生的爱班之情油然而起，逢人就吹"我们教室是最最漂亮的"，许多学生甚至还把自己的爷爷奶奶拉来参观自己的教室，参观自己的个人展示区。

姗姗来迟的学校班容班貌评比，终于开始了。在公布结果的那一天，我班学生出乎意料地获知自己的教室竟然荣获了第一名，在反复验证消息的正确性后，他们激动地尖叫连连。放学时，我还发现几个女生眼睛红红的，笑的时候还闪着泪花。

是呀，哪个学生不想自己的教室布置能获得荣誉，成为最完美的呢？布置完美的教室的目的，事实上就是树立学生心目中的"完美"，正如儿子心目中的"美丽妈妈"。

案例呈现了一个打破学生的惯性思维，充分调动学生的积极性，让他们参与教室布置的一个过程。这一个过程经历了激起关注、引发渴望、确立目标、赋予责任等步骤，通过学生自己的积极争取，成就了学生心目中的完美。

突破恒常，激起关注

就布置教室而言，学生还小的时候，因为他们能力有限，老师肯定需要亲力亲为，慢慢地学生就形成了一种认识，那是老师的事，我们只负责提供老师需要的东西。到了中高年级，学生慢慢地开始参与进来，少部分能力比较强的学生，比如书写特别好的，美术功底扎实的，这时候慢慢地承担一些老师分配给他们的任务。但是整体的布局，细节的雕琢都还是老师的事。也就是老师还是导演，学生也还只是演员，角色任务是被动服从的。那么教室布置的好与坏，跟绝大多数的学生似乎没有多大关系，学生的责任意识没有充分地得到唤醒。学生的这种一以贯之的思维方式，有时很难突破，如何打破僵局，在思想上引发学生的重视，放手大胆地让所有学生去完成、去实现呢？

案例中，老师的做法是"无为"。开学很久了，什么都不干，这种打破常规的做法，激起了学生的充分关注。"学生开始窃窃私语，老师怎么啦？"我们发现，学生开始了关注，可关注什么？是老师还没有开始布置教室，关键词是老师。这就是惯性思维的影响，以前都是老师布置的，现在肯定也应该是老师的事，于是开始了议论，心里犯嘀咕。可是又一个星期过去了，评比在即，可教室还没布置，怎么行？学生开始着急了，责任心被激活了，大家一商量，让班长小航来试探性地问老师："老师，我们的教室是不是该布置了？"很有意思的一个现象，这也说明每一个学生都有责任感和使命感，更有集体荣誉感。

引发渴望，确立目标

就此马上开始尝试让学生去布置教室当然不行，时机未到，学生此时只是关注老师的行为，还没有充满渴望激活自我的内心力量。需要时

179

间，还需要再等等。之后，学生发现老师依旧没有布置教室，怎么办？这老师到底怎么啦，再这样下去怎么办？一个个学生都开始了"忐忑不安"，为什么不安，因为他们受到了其他班同学的质疑，需要解释，费口舌，心里不踏实。假如因为没有布置教室而被学校批评，那么就会被取笑，大家会无地自容。时机终于成熟，该出手了，案例中的老师说，再不布置，会倒数第一名，可谁来布置呀？学生异口同声地回答"你呀"，说明了惯性思维的可怕，说明老师亲力亲为所带来的是学生能力弱化的结果。在回答学生布置教室的这个问题时，老师用的是"微笑的脸"，既不回答，也不建议。学生一片沉默，猜想纷纷，陷入了两难，心头有自己参与布置的渴望，可因为"没有能力"而空着急。这是一个重要的环节，是呼唤学生自我反思、自我觉醒的重要步骤，没有经历强烈的渴望，就不会有学生主动参与的可能。

如何把学生心中的渴望落实到行动上去，让学生去实现"抱负"，实现理想，关键就是要赋予责任，大胆让学生去干。当然不能让学生凭着"满腔热血"去乱干，必须确立一个目标，有一个标榜。可以看到老师非常智慧的一招，是先向学校保证布置不一样的教室，争取了时间上的宽限。在这段时间里，不但充分激发了学生的渴望，而且等来了参观、学习其他班的机会。自己班文化布置一直以来都源自老师一个人的思维，再进行大胆的突破，也不可能有翻天覆地的变化。通过见识其他班别具一格的布置，视觉上的冲击带给学生的不仅是心灵的震撼，更是不服输的激情。学生跃跃欲试，个个激昂，表示一定布置出最漂亮教室，自在情理之中。

赋予职责，收获精彩

万事俱备，东风也来了，自然可以开始大干一场。怎么干？让每个人都参与，赋予职责，让每个人都有事可做，奉献自己的精彩。案例中，学生每人带来一盆花，每人有一块展示区，充分体现了全体意识，调动了每个人的积极性，既然是大家的事，大家自然一起努力。今天你提了一个点子，明天我想一个法子，集思广益，群策群力，脑子是靠不停运作"动"出来的，创新是在不断寻找中激发出来的。学生热火朝天地忙开了，取班名，设计班徽，思考班训，粘贴名言……思路在广开言路中被打开，我们看到许多惊喜——布置绿化角，举行赏花大赛；布置展示角，每人一个展示区，自己邀请评委，评评谁的作品好。当每个人都被赋予了职责，就激活了他内心的责任意识，所迸发出的能量真是精彩无比，令人惊喜不已。

李大钊说："我觉得人生求乐的方法，最好莫过于尊重劳动。一切乐境，都可由劳动得来，一切苦境，都可由劳动解脱。"参与劳动，快乐自己，特别是看到教室在自己的手中变得漂亮起来，逢人就吹"我们教室是最最漂亮的"。可见，激励学生的爱班之情其实并不困难，只要让学生参与建设，参与管理，就能换来主人翁的意识，换来家的感觉。作为一个主人，哪有不爱自己家的。人都这样，自己的东西倍加珍惜，自己的创意总是最好的。学生也不例外，班上布置的作品，不能拿回家，自我欣赏之后，回家吹嘘一番，然后把爷爷奶奶拉来参观，拉来亲友团支持一下，展示一下，满足一下，让自己的心情再得到一次升华。

激动呀，如此感觉，妙不可言。参与劳动的艰辛，换来了美丽的收获，更有美丽的心情。可是更让人激动的事情还在后头，学校的班容班貌评比，竟然荣获了第一名。激动呀，喜极而泣。放学时，发现几个女生眼睛红红的。是呀，自己的劳动成果、智慧结晶受到肯定的时候，谁不激动呢？有付出，就有收获。这样收获的就不止是荣誉了，更是凝聚力和高度的热爱，以及"从未有过"的自信心。

事实上，打破惯性思维，关键在于启迪学生发现自己，认识到自己也行，自己也是如此能干。那么，收获的不仅是学生的自信，更是勇于突破与实践的精神，以及一个独立自主的精彩成长。

30. 幽上一默

——应对学生抗拒心理

幽默是一种特殊的情绪表现，是一种以高见低的亲切感。幽默是一种机智，是生活的调味品，是人际关系的润滑剂，是一个人成熟的表现。它具有穿透力，能给人们带来轻松的笑声和欢乐，消减矛盾和冲突，缩短人与人之间的距离。对于教育者来说，教育幽默的主体充满了对于学生的理解和共鸣，它能改善师生之间、学生之间的关系，有助于摆脱困境，更有利于学生的身心健康及班集体的轻松和谐，它更是一种高雅的生活情操。

教育幽默如何运用？时机如何掌握？平时的教育教学中，我们面对的是一个个活生生的生命，有时不经意间，突如其来的事件会免不了发生。如何进行教育？教育是否成功，能否改变学生，很大程度上取决于老师的语言使用，"措辞能力"即教育能力，幽默语言即润滑剂。教育学生，有时往往就是一句话的事儿，闻一多先生说："一句话能点得着火。"的确，在大多数情况下，打动人心的终归也只是一句话而已，一语幽默释怀心灵，一句打动人心的话能成事，一句幽默的话能造就一个和谐的教育氛围。

下课时，若是大部分学生一溜烟地跑走了，那我就知道，下一节肯定是信息技术课。要问学生最爱上的课是什么，答案是信息技术课，没有作业，功课轻松，课堂上还可以玩玩电脑。

所以，如果下一节是信息技术课，那么这一节课老师就别想拖课一秒，学生都是以冲刺的速度去微机教室的。假如遇上微机课老师请假，学生就会一阵泄气，那一节课也特别没有兴致。

今天上午我上了两节课，这两节课都学习了新知识，所以就有两节的课堂作业，对很多学生来说这样的作业量的确有点多，到上午放学时，学生才陆陆续续地把作业交齐。也真难为学生了，每天都有这么多的作业，个别学生甚至都没有课间的休息时间。

可更加不巧的是，信息技术课的蔡老师，今天请病假，教务处安排我来代上下午第二节课。虽然我不愿意，我想学生也不愿意，可是课还是要上的。

下午第一节课结束，我让班长通知大家，第二节信息课老师请假了，大家在教室里候课，学生震耳欲聋的叹气声，震得办公室微微"颤抖"，办公室的同事们听到了也都相视苦笑。

我拿着教本来到教室，正准备开始上课。

"怎么又是这个老头上课？"学生小章冷不防的一句怨言，惹得大家哄堂大笑。

笑后，大家一片寂静，等待我的反应。

我沉默了一会儿，学生更静了，我看了看小章，发现他的脸更白了。

于是，我若无其事说了一句话："年轻人蔡老师身体扛不住了，只好请假，教务处看我这个老头身体还算硬朗，就派我来了。看来电脑用太多了，也不是什么好事，你看电脑有害健康吧？"

此时，课堂上又爆发出一阵哄笑，小章也笑了。

那节课，学生们听得异常认真。

面对学生的质疑或对抗，老师的尴尬处境现象会不时地出现，一句幽默语言，在于教育能心存学生，善于站在学生的角度，思生所思，从学生的需要出发，幽默地应对，善于捕捉瞬间即逝的教育契机，让学生获得生命的成长。

满足需要，让学生也幽上一默

美国的莫尔斯有一项调查结果表明造成学生畏缩不前或惹是生非等消极行为的，很大程度上是因为学校环境不能满足他们的基本需要，学生得不到心理上的满足，就无法创建良好的师生关系。"怎么又是这个老头上课"，学生小章冷不防的一句怨言，惹得大家哄堂大笑。可以看到，学生的怨言，反映了他们作为人的正常需要，喜欢上信息技术课的需要。而上信息课的老师请假了，学生满足不了自己的需要，怨言很幽默，大家哄堂大笑应该是学生的正常共鸣，一种情绪上的宣泄，一笑能释放情感之郁积。

每个学生都有个体的兴趣和需要，当需要被无情地剥夺时，学生的情绪会有一种表达，只是表达的方式不同而已。应尽量满足学生的需要，尊重学生的基本权利，即使不能满足，也要给学生心理调节和宣泄的机会，幽上一默，又有何妨？

尊重学生，从幽默开始做起

著名教育家爱默森说："教育成功的秘诀在于尊重学生。"案例中老师沉默了一会儿，学生更静了，老师看了看小章，发现他的脸更白了。于是，若无其事地说了一句话，引起了学生轻松和谐的欢笑。学生又为什么能一片寂静？因为他们也明白这是一个是否尊敬师长的问题，虽然情有可原，但毕竟还有师道尊严嘛。老师的沉默也让学生感受了这一点，所以大家就更静了，始作俑者的脸色就更白了。老师可以发作，可以讲大道理，学生也可以忍受。那么，就没有之后学生的欢笑，就没有了那么一点点的幸福感和对老师的亲近感。

尊重学生，就是老师采用"心理换位"，通过人与人之间心灵的对话，运用幽默的语言来应对，让学生体验到做人的尊严，享受到被人尊重的生命快乐。

体现幽默，快乐和谐一句话

苏霍姆林斯基认为，"如果老师缺乏幽默感，就会筑起一道师生互不理解的高墙：老师不了解学生，学生也不理解老师"。"年轻人蔡老师身体扛不住了，只好请假，教务处看我这个老头身体还算硬朗，就派我来了……"老师的教育智慧、教育幽默，一下就缓和了气氛，淡化了矛盾，误会冰释，师生之间紧张关系的安全阀门一下就打开了。其实，师生双方的情绪，很多时候都是老师的言语引起的。教育研究表明，师生情绪严重对立时，学生会拒绝接受来自老师的一切要求，产生抗拒、排斥的心理，这种消极的态度定势就成为学生接受教育的心理障碍。

一个善用幽默的老师不仅受到学生的喜爱，更能获得学生最多的支持和爱戴。幽默是一个敏锐的心灵在精神饱满、神气洋溢时的自然流露。对于学生来说，老师的幽默是他们学习生活中的一种精神食粮，它可以减少学生的压抑与忧虑，维护他们心理的平衡，给他们一种轻松愉快的感觉。恩格斯认为，幽默是"具有智慧、教养和道德上的优越表现"。有幽默感的老师更有人性，给学生的感觉更可依赖，更具安全感。因此，学生最喜欢具有幽默感的老师。老师机智而轻松地"幽自己一默"，可以使自己从容脱身，离开不愉快的窘境和矛盾漩涡。

抓住时机，教育无痕一幽默

苏霍姆林斯基曾把教育比做一朵花，而每朵花都是片片花瓣一一拼构而成的，抓住了合适的时机，可以让鲜花开放得更加鲜嫩、鲜活。"看来电脑用太多了，也不是什么好事，你看电脑有害健康吧"，这一句幽默,老师把人的健康和电脑联系在一起,渗透电脑接触过多有害健康的知识教育。电脑是学生的业余最爱,学生对电脑的酷爱甚至"溺爱"的那种态度,也正影响着他们的生长发育和身心健康,让许多家长、老师为此伤心劳神。这个时机的这样一句话,让学生在一阵笑声之后,留下的是难以磨灭的记忆。教育无痕,润物无声,一言胜百辩。

教育要利用一切可以教育的资源,抓住一切可以教育的机会,使教育发挥更大的功效。无论做什么事情,抓住时机很重要,无论如何教育,幽默很有必要。

满足,使学生得到情感的释放,不妨让学生自我幽默一回。尊重,使学生成了活力的源泉,幽默最能体现。幽默,让学生领略教育的趣味,幽上一默的老师最亲近。机智,使学生享受智慧的美感,幽默的教育,让教育魅力无限。

赢了他们的心,改变他们就自然而成。幽默的老师,最能亲近学生;幽默的语言,最能唤起学生的尊重;幽默的教育方式,最能赢得学生的心。一个好老师不一定幽默,但幽默的老师一定是最好的老师。

艺术应对学生的不良习惯

31. 名人公告
——应对学生一时糊涂

学生的表现有好有坏，一时糊涂犯错误也经常会发生，对学生进行教育是老师的义务和责任。有时我们会以公开批评的方式对他们进行教育，也希望以此来提醒其他学生注意。那些被公开批评的学生，又是怎样的境遇呢？他们的内心该承受着多大的压力？会不会受到同学的嘲笑，甚至会受到老师的第二次批评呢？我们经常看到个别被批评后的学生，表面上接受了，一扭头却搞了更大的破坏，这不是由于扛不住压力，失控发泄的表现呢？

的确如此，犯了错误的学生，都希望老师能够原谅，可老师们却担心轻易原谅会增加学生再犯的可能性，其他学生跟风怎么办？所以，很多老师的做法是原谅一次，但不可以原谅第二次，心里的想法是学生若一而再，再而三，"我其危矣"。遇到那些屡屡犯错的学生，老师们的担心不无道理，长期如此，不但不能很好地纠正学生的行为，端正他们的思想，更有失去教育威信的风险。这样似乎出现了两难，一面是学生期待能有和风细雨、备受呵护的教育；另一面却是老师担心这种教育效果不佳，希望通过批评教育，让学生从错误中真正反思，吸取教训，不再犯错。批评，如何既能呵护童心的那一份尊严，又能达到对学生的教育目的，有这样一举两得的好方法吗？

上午，一位学生报告，校园"监督岗公布栏"中，有一位受到批评的学生名字被挖空了。果然，贴在玻璃上的纸张留下了一个窟窿，空洞中透着黑黝黝的悲伤，仿佛在诉说这不平的遭遇。那是一个因为浪费粮食而受到批评的学生，那天他被值日生登记的时候，就涨红了脸在努力地解释，说自己如何不喜欢那道菜，是不小心打过来的，希望值日生不要登记，下次一定改。可他最后还是没有吃完那一份菜，于是被批评了。

现在，他似乎又做了另外一件"错事"，看到自己被批评，就用了这种掩耳盗铃的方法，挖掉公布栏里自己的名字。可他为什么要这样做呢？是受到批评不服气，还是被批评了觉得惭愧呢？

显然，他的这个举动让我强烈地感觉到，这颗童心受到了某种程度的伤害。

批评，如何做到既能呵护童心的那一份尊严，又能达到对学生的教育目的，有没有一举两得的好方法呢？

偶尔看到一个艺术讨债的故事，深受感动和启发。是呀，批评学生又何必大动干戈。宽容一些，仁爱一些，艺术一些，让学生有所感悟，有所进步，也就达到批评教育的目的了。于是，在这个星期一，出现了下边的一幕。

校园"监督岗公布栏"中粘贴了这么一张"记录表"。

"星期一，诸葛亮乱丢垃圾；张飞欺负低年级弱小的同学。"

"星期二，五（2）班全体同学进行了'护绿大花坛'行动，周瑜故意弄坏了花坛中的花盆。"

"星期三，张启航帮助低年级同学值日，曹操浪费粮食。"

……

记录表中受到表扬的学生都是真实的名字，而受到批评的学生都采用了三国人物的名字。

这是一张跟以前完全不一样的记录表，一时间，校园里就像炸开了窝，叽叽喳喳，评头论足，热闹非凡，纷纷询问"诸葛亮是谁"，"张飞是谁"。而他们得到的答复是："这还用问吗，三国人物呗。"我抬头偶尔瞥见一个"知情者"伸了伸舌头，不好意思地低头走了，而脸上却挂满了笑容，心里乐开了花。

接下来的这一周，课余时间，校园公布栏前，经常会围着一群学生，大家都在激烈地讨论，相互猜测到底哪位是"周瑜"，哪个是"张飞"……

由于始终不能在老师那儿得到正确的答案，同学们开始互相关注一举一动了，而"诸葛亮"、"周瑜"们都不敢大意，表现嘛，自然是"完美无瑕"，没有半点的"破绽"。

又是一个星期一，同学们纷纷来到公布栏前，可这一次，他们的期待落空了，因为这一次公布栏里公布的只有受表扬者，第一次没有出现被批评者，那些"著名人物"统统消失了。

一个月很快过去了，在这期间，在校园公布栏里，竟没有公开批评的现象，除了表扬，还是表扬。我看了看，发现"诸葛亮"和"张飞"分别做了好事，并且以真实姓名被公开表扬了。

公告，以名人的姓名进行公告。在公开栏中公布这些错误的行为，却并非公布学生真实姓名而是三国人物的名字，告诉学生此事不可为，批评又对事不对人，教育学生如何才是正确的行为表现，又很好地进行了警示。即做到了批评，又呵护了尊严。

批评，不可预见的伤害

批评的目的是什么？有老师认为："忠言逆耳利于行。那么，批评就是一剂良药，是老师的苦心，良药苦口利于病。"对学生来说，很苦是肯定的，可是否利于病呢？学生挖空了批评公布栏中的名字，是对委屈不平的表达，还是尴尬逃离的行径；是羞愧难当的掩饰，还是困窘摆脱的无奈；是难堪之极，还是手足无措？总之，学生不能接受自己的名字被公布在批评栏中，让其他学生看到自己窘迫的一面，也许他还担心由此给自己班"抹黑"，班主任会二次批评，让他在班里抬不起头。显然学生这种行为告诉我们，他受到了某种伤害，他急不可待地试图用这种方式去掩盖，是因为在他的心里实在不知该如何去面对这次批评，心急如焚，因而方寸大乱。的确，在学生犯了错误之后，批评当然是不可少的一种教育手段，可有时候给学生带去的却是不可预见的伤害。

学生的错误多种多样，批评的效果因人而异，有的学生能淡然面对老师的"雷霆之怒"，有的学生却承受不了老师的"轻描淡写"。案例中的学生显然也接受不了这种"公告"的方式，于是采用掩耳盗铃的错误方式。面对这样的行为，很多老师的第一反应就是，追查到底，数罪并罚，给学生一个下马威，予以警示，以儆效尤。可案例中的老师却进行了反思，一则感人的讨债故事触动的反思，带来了一项改革，前所未有的改革，"前无古人"，但愿"后有来者"。由此可见，当学生对我们的某种教育方式进行了反抗，或者产生反弹的时候，其实并不是一定都是坏事，如何从中反思进而转换方式，进行改变，研究出一种更加温暖人心的教育方式，才是我们所急需的。因为我们所需要达到的教育目的只有一个，通过教育足以引起学生的反思和感悟，从而使他们进步，那么又何必大动干戈？宽容一些，仁爱一些，艺术一些，让每一个学生享受幸福的教育生活。

公告，不同凡响的效果

公告批评的目的，除了教育学生本人之外，更重要的就是希望能引起其他学生的关注。可有时这种方式并不能引起学生的关注，触动他们反思。因为很多时候学生认为那些错误行为都是正常的，很多人会犯那样的错，只不过有的人运气不好被发现了，有的人运气好，没有被发现而已。对错误的行为进行公告批评，目的是触动广大学生进行反思，可学生如果只把它视为运气，那么批评的效果就大打折扣了。既然没有效果，公告又有什么意义呢？很多学校的德育管理者也深谙其中的道理，可是不公告又能怎么办，难道就这样算了？不是的，公告要继续，方式可以改变，案例中提供了一种反常态的方式，运用三国人物进行公告，非常有意思，这样的公告在校园中一下子就成了爆炸性的新闻，引起了学生的极大关注。

  关注，即目的，关注就是教育。学生会口口相传，会促使更多学生前来观看，看看这到底是怎么回事，看到了令人好笑的一幕，看到了原来即使是著名人物诸如诸葛亮、曹操之类，他们乱丢垃圾、浪费粮食照样被批评，学生在一笑中感悟。同时也因为不解而更加关注，学生的好奇心启迪了他们的探究之心，他们相互猜测哪位是周瑜、张飞，而老师始终没有给正确答案。越好奇，越关注，于是开始互相关注一举一动，试图通过自己的观察去发现并解开这个秘密，可试问哪个学生愿意被人发现自己"不可告人的秘密"呢？哪个愿意承认自己就是那个干了坏事被公告了的"曹操"、"张飞"呢？不敢大意，很是自然，完美无瑕、没破绽的表现也在情理之中。这次公告，的确带来了不同凡响的效果，说明任何有效的教育措施，只要能激起学生的全员关注，就相当于实现了全员监督，就能真正让学生实现自我克制，达到预防错误发生的目的。

呵护，报之以李的改变

  苏霍姆林斯基说："教育，首先是关怀备至地，深思熟虑地，小心翼翼地触击年轻的心灵，在这里谁有细致和耐心，谁就能获得成功。"的确，我们的呵护或许只是一缕春风，但带给学生的却可能是整个春天。老师公告了学生所做的错误之事，告诉大家此等错误不可再犯，却用了

"三国人物"之名，而且严格保密，即使有同学追问也不漏口风，如此呵护，让学生如沐春风，脸上挂满了笑容，心里乐开了花。老师的呵护自然会让学生倍感温暖，是呀，接下来自己该反思了，行为上也要特别注意了，坚持，再坚持！接着，我们看到，又是星期一，公布栏里第一次没有出现被批评者，"著名人物"统统消失了。是呀，老师的"投之以桃"，换来了学生"报之以李"的表现。

  学生持续良好表现的维持靠什么？除了一个有效的监督氛围外，更需要内心的坚持力，呵护换来学生坚持的开始，但是在坚持的道路上更需要动力，必须给予持续不断的激励，这里的激励就是公开的表扬。学生做了错事，批评时老师没有公开姓名，可不代表就这样了事，私底下应该会跟学生进行交流，学生也知道，除了有良好表现之外，需要通过做一些好人好事来获得老师的认可，于是表扬就出现了，发现"诸葛亮"和"张飞"以真实姓名被公开表扬了。激励就是动力，有动力就有坚持力，于是一个月很快过去了，公布栏里除了表扬，还是表扬。的确可喜，批评的教育作用不可忽视，但是表扬更能激励学生进步，让学生更有信心、更快乐地改变。

  批评，是教育手段的一个重要组成部分，犯错的学生往往会把老师的批评教育看作是斤斤计较、不留情面，有的表面接受，内心却不服气，甚至考虑下次进行报复性的犯错，有的则会当面顶撞老师，造成许多的不愉快，教育效果大打折扣。面对学生的错误，有时批评教育不是不可，但也别忘了多一些智慧，多一些仁爱。

  名人公告，让批评多了一份呵护，多了一份爱心。让我们用智慧构建一个和谐、温馨的教育环境，用爱心唤醒爱心。

32. 率先垂范
——应对学生随意模仿

模仿，是学习的重要形式之一。人总是会自觉或不自觉地重复他人的行为，尤其是儿童，他们动作、语言、技能的发展以及行为习惯、品质等的形成都离不开模仿。模仿谁？小时候模仿父母长辈，在学校模仿老师同学，社会上的点点滴滴对他们的成长也影响深远。暂不提家庭和社会，在学校里，学生对老师的模仿是非常深刻的。有没有遇到这么一个有趣的现象，一个班主任带班几年后，大家发现他班的学生，不管是行为动作、讲话语气、处事风格，都会跟这位班主任如出一辙，影响力可见一斑。

"学高为人师，身正为人范"，面对学生有意无意的模仿，老师要做的就是两个字："师范"。西汉末年，扬雄在言论集《法言》中说："师者，从之模范也。"他第一次将"师"和"范"联系起来看，明确强调了老师所负的塑造教育对象的重大责任。可在现实的教育生活中，老师似乎背负着太沉重的期望、责任和压力，很多老师不愿如此去独自承担，感到太累了，希望能够"去伪存真"，做一个真实的自己。这本没错，可是我们看到了许多老师放松之后，做出了偏离教师规范的行为，甚至有违背社会道德现象的发生。这又让我们如何去面对学生的模仿，如何做到"行为世范"，如何面对一张张纯真的脸？把握好平常人与老师这两个角色的双重存在，面对这个神圣职业，我们在要求学生的同时，也该同样地要求自己，表里如一，做一个最好的自己。

中午吃饭打菜汤时，正好一个一年级模样的学生在盛汤，他费力地用汤勺挑着浮在紫菜汤上面的油条，勺子似乎不听他的使唤，只见勺子在汤中来回摆动,就是打不到油条,半晌,捞上了一两小节油条。见他动作缓慢,我跟他商量,能否给老师先打一勺,再让他慢慢地打,小朋友爽快地答应了,见我迅速地把汤勺还给了他,小朋友羡慕地笑了一下。这时旁边响起了一声:"老师,你怎么这样?"我抬头一看,是我班的李尚昀,见到他的一脸惊奇,我有点不好意思,快步地回到了自己的座位。

李尚昀的位置就在我的隔壁桌,见他坐下,我问:"你觉得老师这样不好,是吗?"

"是的。"我听到了斩钉截铁的回答。

"那你觉得,老师应该如何?"我有点心虚地问。

"先让他打完,你再打嘛。"李尚昀很自然地说出了自己的想法。

"好,你讲得对,下次老师一定按照你的要求做。"听我这样回答,李尚昀满意地笑了。

这个学生教育了我,也足能引起我们的反思。我的这个行为虽然方便了自己,却带来了许多负面影响,小男孩羡慕的微笑告诉我,他似乎明白了什么叫"恃强凌弱"。在生活中,不知还有多少这样的行为。我们告诉学生"自己的事情自己做",可看到的现象是,走廊上,老师空着手在前面走,学生抱着作业本吃力地跟在后面;办公室打扫,学生在卖力地擦窗、拖地,可老师泡一杯茶,谈笑风生;教育学生礼貌待人,在得到学生的帮助后,有多少老师会说"谢谢"呢?路上学生礼貌地问好和打招呼,许多老师却不声不响地走了;教育学生讲究卫生,见到地上的纸屑,我们忙招呼学生来捡,自己却袖手旁观。

想起一则寓言,螃蟹妈妈指责自己的孩子,走路不能老横着爬行,要学会直着向前,小螃蟹说,妈妈,您能不能示范一下,让我好模仿。可螃蟹妈妈费力地试了多次,因为没有成功,最终作罢。可见,榜样和示范的作用是影响巨大的。

如果我能帮助一下那个小男孩,那个男孩以后就会去帮助别人;如果我能多一些耐心等待一下,以后他就会有耐心。在教育和生活中,老师的行为会直接影响他们的学生，一言一行皆教育，例子不胜枚举。

当我们为了学生的一个不良行为而烦恼的时候，或是为了学生的一个小错误而喊破嗓子的时候，有没有反思，其实学生所犯的这些错误，正是平时有意无意地通过模仿我们而养成的。

现实的教育生活中，这样的例子常见，是老师容易忽视的问题，对于学生来说，"无限崇拜"时期的他们会一如既往地跟随老师，有样学样。当学生"全面质疑"的时期来临时，他们会重新审视自己的行为，重新审视老师过去的行为。所以如何把握好自己，如何行为世范，对老师来说，的确是一门做不完的功课。

一个"三难"问题

不可否认，当今是一个讲究效率的时代，凡事都快节奏。此时，如果你也像案例中的老师一样，遇到一个学生慢腾腾地、翻来覆去地做一件事，可还做不好，此时在等待中的你会如何？有三种选择：一是选择继续等待，二是帮助他一下，三是你先他后。继续等是很多老师认为最没有效率的事，华罗庚的"统筹法"告诉我们，最佳策略是用时少的人先做，那么总等待时间就越少，老师深谙其中道理，于是跟学生商量，自己先来；帮助他一下，当然合情合理，帮助他也让他从此学会帮助别人，可是不行呀，这样会弱化学生个人能力的锻炼，容易让学生形成一种依赖，凡事都不想自己动手，不通过自己实践去获得技能，而是坐等他人帮助，那这也似乎不符合教育的规律；如果是你先他后，这不仅是插队行为，更给了学生一个模仿的口实，老师这样我也可以。这似乎是个"三难"问题，如何破解？

案例中的老师，采用的是第三种方法，最为痛快的方法，运用了"最佳策略"，又给了学生自我摸索、自我锻炼的机会，而且问题"顺利解决"，小朋友爽快答应，羡慕一笑。可意外的是，另一个学生"一脸惊奇"的质疑，一语惊醒了梦中人。老师的确做了一件错事，可老师为什么如此？不排除下意识行为。若深入探究这种行为产生的原因，则更多的是利用了低年级学生的年幼无知，因为他们不懂"先来后到"的道理，即使懂得，也可能因为是老师有要求，让他很自然、很爽快地答应。故老师的行为有利用学生不懂规则，欺负老实人的嫌疑。而在另一学生质疑下，才有所感悟，有所反思。从这件事中，我们清楚地看到，人都有犯错的可能，有时也会有贪图小便宜的冲动，包括老师。可见，一个失去平衡的较量，永远都只有输家，学生输掉的是一次受到帮助的机会，一次学习的机会，而老师输掉的却是学生的尊重。

直击"平常"现象

学生是最真、最纯的，"不受杂毒，自然纯真"。他们总是最自然地表露自己的一切想法，"先让他打完，你再打嘛"，这是学生最真实的想法，也是他遵守一切规律的准则。对老师打破规则的不理解，让他很是惊奇，"好，你讲得对，下次老师一定按照你的要求做"，好在老师能知错就改，听到这样回答，学生满意地笑了，老师经常说"知错能改，就是好孩子"，现在，老师也是"好孩子"。可事实上，老师能有好孩子的表现，也得益于学生的真诚表露，面对学生们纯净明亮的眼神，时而回首，也是感慨无比。

日常教育生活中，我们让学生当好孩子的事情比比皆是，自己当好孩子却似乎不够给力。我们教育学生独立自主，自己的事情自己做，从小事做起，从点滴做起，可我们往往只是停留在教育学生的层面，如案例中的例子，在学生吃力地抱着作业本，卖力地为办公室擦窗、拖地，礼貌问好，主动捡纸屑，一如既往地像"好孩子"一样表现时，而老师却是空着手，谈笑喝茶，不声不响地走了，袖手旁观，如此之事似乎太"平常"。还是那句话，目的在于培养学生独立自主的能力，是培养小助手的一种途径。不可否认，能为老师做一点事，学生非常愿意，也感到荣幸之至。可是，如果老师能够参与一下，让学生感到自己的确是在帮忙，是老师遇到困难时的帮忙，而不只是"打零工"，这样，才能让学生在那种真正的帮忙中锻炼能力，取得愉悦，获得成长。

做出"最佳"样子

学生的模仿是全方位的，老师的一句话，一个表情，一个动作，一个行为，都是他们模仿的范本，在学生没有多少判断力和辨别能力的时期，他们会从老师那儿获得行为的范例和判断的标准。像上述那样所谓"帮老师的忙"，学生领会能力、现学现用的能力超乎想象。我们经常发现学生中的这些现象：值日时，叫同学来帮忙，自己却袖手旁观；做作业时，请同学来代劳，自己却跑得不知踪影……苏轼说："德为世范，言为世则。"案例中，在端作业本时，若老师也拿一些，让学生帮忙拿一些，学生必定抢先一步；办公室打扫，老师擦着窗，请来学生拖地，学生必定全力以赴；路上学生礼貌问好，老师积极回应，学生必定十分开心；见到地上的纸屑，老师主动弯腰，学生必定争先恐后。这样，学生肯定会从中学到什么是相互帮忙，什么是礼尚往来，什么是身先士卒。

很多时候，老师们知道该让学生去做什么，却不知自己可以做什么，对学生提出的要求，却不问自己也能否达到如此要求。很多时候，我们忽略了自己的表率作用，一个平凡的举动能让学生警觉，一次关怀的帮助就能让学生感悟。

喊破嗓子，不如做出样子，古人云，"其身正，不令而行；其身不正，虽令不行"，"行可以为仪表者，师也"，细节就是教育，应该从我做起，做一个率先垂范的老师，让学生学有标杆。

197

33. 微笑记录

——应对学生爱哭行为

哭，是一种情感的表达方式，悲伤、喜悦、激动、愤怒、恐惧各种情绪都可以用哭来表达，悲痛难忍，喜极而泣，情不自禁，怒不可遏，极度惊恐等，都会带来泪水夺眶而出的表现。哭，是好是坏？斯坦福大学的詹姆斯·J.格罗斯做了一项研究，他通过大量的试验作出了推测：哭泣可能会让我们以及周围的人心烦意乱，最终它还是会有镇静的作用。的确如此，我们面对他人或者孩子不停哭泣的时候，总会产生莫名的烦恼，可是对哭泣的人来说，哭完了，情绪得到了宣泄，自然就安静了。这也就是我们平时在安慰一个人的时候，会说"尽情哭吧"的原因。

爱哭，没什么不对。可对于一个成长中的孩子来说，平时总是情绪异常激动，与同伴交往没有耐心，同伴稍有不慎，便会无缘无故地号啕大哭，这种爱哭的行为，长此以往，不仅不利于孩子坚韧性格的养成，耐挫能力的提高，更不利于他们与同伴之间友谊的建立。作为家长或老师，我们又该如何教育孩子控制自己的情绪呢？有的希望通过批评、责备甚至恐吓来压制孩子的爱哭行为，如"××来了"、"再哭怎样"的恐吓，对孩子也许有效，一下就不哭了。可这种方法显然弊大于利，会给孩子的心理蒙上一层挥之不去的阴影，这种心理障碍会长时间伴随；有的不问不闻，置之不理，希望通过"可抑制的哭泣"来应对孩子的哭闹，认为孩子哭累了，或者发现没有人理睬就不哭了。桑德兰研究了几百份有关压力与大脑发育的论文后，得出结论："哭泣大约二十分钟就足以引起脑损伤。"可见，孩子长时间哭泣不仅会损害大脑健康，而且得不到安抚的孩子会怀疑父母对自己的爱，产生疏远感，长大了不理解父母的行为，很容易产生对抗。由此可见，从正面疏导，让孩子学会自我调解，慢慢地控制自己的情绪，才是上策。

  上一年级的女儿似乎脾气很急，凡遇不如意的事都会不高兴。在对待自己方面，如作业比别人慢一点，上课发言老师没有叫到她，不小心丢了东西等，都会有"泄气"的表现；对待事物呢，则眼里容不下半粒沙子，小朋友不小心碰她一下没有道歉，小朋友乱丢垃圾，说不文明的话，她也会哭。每一次她说起这些事时，她妈妈总是告诉她，这些都是正常的，不能生气，不要拿别人的错误来惩罚自己，女儿似懂非懂。

  女儿的性格似乎被我们"塑造"得太完美了，从小我们对她要求很高，要求她对别人要礼貌，对自己要严格，并有具体的要求。可现实又哪有这么如意呢？一切好像都是纸上谈兵。于是，碰到不合女儿心意的事情，她就会生气。

  一次，班里的一个小朋友不知道什么原因，错怪了她，她就哭得"惊天动地"，数落小朋友的不是，并表示自己不待在这个班里了。这样下去，怎么行？

  为了能让她明白生气是没有用的，我把一面镜子拿到女儿的面前，让她对着镜子学微笑。告诉她生活就像一面镜子，如果你微笑，她就微笑，对待小朋友的事，你也可以这样，不管小朋友有多错，你都微笑面对。这样过了一段时间，效果似乎不佳，女儿还是那么爱生气。

  她似乎也感觉到自己不对，可又控制不了自己的情绪。一天放学回家，她回自己的房间翻腾了一会，拿出了一本作业本和一张幼儿园时留下的"笑脸"贴贴纸，说："爸爸，以后我如果一天不生气，您就给我贴上一张'笑脸'吧。"我欣喜地答应，"好，如果有十张'笑脸'就换一颗星，十颗星就给你买一样你喜欢的小礼物。"于是我们在本子的封面端端正正地写上"微笑记录本"，并且郑重其事地贴上了第一张"笑脸"，奖励她想出了这个好方法。我说："不过，如果万一生气了，不仅当天得不到'笑脸'，还得扣掉一个已经得到的'笑脸'。"女儿同意了这个方案。

微笑记录本，开始了女儿的微笑每一天。

"今天，小朋友不小心踩了一下我的脚，我眼睛里有水，可是我没有哭。""今天，我举手五次，老师没有看到我，可我还是很开心。""今天小朋友乱丢铅笔，我看见了捡到垃圾桶里，老师表扬了我。"

一张"笑脸"、"两张笑脸"……一颗星、两颗星……女儿很快可以收获第一份礼物了。

一个令人欣喜的改变过程，这个改变并非一蹴而就，利用"代币制"，通过用笑脸、小星星、小礼物为奖励手段来强化孩子的良好行为，这样经过一个慢慢积累的过程，最终让孩子学会了控制自己，获得了一个难得的改变和一份美好的心情。

完美塑造，致使性格偏激

俗话说，"江山易改，禀性难移"，说明人的性格是不容易改变的，很多人认为性格是遗传的，的确没错，虽然"人上一百，形形色色"，但是直系亲属的性格却都还是比较相似的，有研究表明人的 D4DR 基因含有遗传指令，所以性格上的差异，遗传是主要因素之一。但是，人的性格形成有更不可忽视的因素，如环境的熏陶、教育的塑造等。懂得教育的人都知道这个道理，所以在孩子的性格塑造方面，也特别注意环境的营造及教育策略的应对，以求孩子的性格完美。

完美的性格塑造，需要进行多少的磨炼，对自己要求严格，注重细节，对人要得体、礼貌，要不计得失。可现实是不尽如人意的，当你对自己严格要求时，别人却随意；当你讲礼貌时，别人却跟你粗鲁；当你一次又一次地体谅别人时，下一次别人却对你不依不饶……现实的残酷和差距，让孩子已有的认识和现状产生了激烈的矛盾对立，用礼貌方式却纠正不了别人的错误，自己又不得采用也不会使用不礼貌的方式对待别人，情绪上的表达就只剩下一个字了——哭，就像案例中的小女孩，于是小朋友没有道歉，乱丢垃圾，说不文明的话，她也都会哭。这种性格长此以往，就会慢慢地形成消极的倾向，对自己的评价非常苛刻，对他人要求严格，总将事情私人化，常常自找烦恼。哭仅仅是现在的一种表达方式，将来怎么办？必须调整教育方式，改善孩子的性格，教会孩子坦然面对一切，接受别人的错误，接受别人对自己的质疑，从自己做起，从改变自己的心态做起。

常规教育，效果令人无奈

美国作家布莱克曾说："水果不仅需要阳光，也需要凉夜。寒冷的雨水能使其成熟。人的性格陶冶不仅需要欢乐，也需要考验和困难。"提高孩子的认识，必须先让她懂道理。案例中的父亲，"为了能让她明白生气是没有用的，我把一面镜子拿到女儿的面前，让她对着镜子学微笑"，的确如此，人与人之间的交往就像照镜子，"如果你微笑，她就微笑"，友谊都是这样产生的，性格也都是这样去塑造，忍一忍，给自己一个思考的空间，给同伴一个下台阶的机会，这样生活才有更多的真诚，更多的谅解，更多的欢笑。在孩子的教育方面，有时我们对孩子的苛刻要求，让他们形成了一种态度，他们同样苛刻要求他人。所以，我们应该放松一点，要求再低一点，再宽心一些，"不管小朋友有多错，你都微笑面对"，这样的要求，作为家长老师，我们扪心自问，自己做得到吗？不管学生有多错，我们也都微笑面对，如果我们能做得到，那么孩子也能做得到。问题是有时我们只要求孩子这样做，自己却做不到。

任何一件事，有时说说容易，做起来却很难，想让孩子在很短的时间内改过，的确是不可能完成的任务。"这样过了一段时间，效果似乎不佳，女儿还是那么爱生气"，性格非一日成型，改变也非一日可就。当然，要看到进步的地方，从爱哭到爱生气也是一个进步，控制不了情绪，起码克制住了哭泣，认识得到了提高，说明有的放矢的教育取得了一定效果。"她似乎也感觉到自己不对，可又控制不了自己的情绪"。这也说明克制仅靠认识是不够的，习惯的培养，性格的塑造，需要慢慢积淀，需要有克制的方法，有克制自己的信念。必须再细致一些，那么就得从一点一滴的纠正做起，慢工才能出细活，引导孩子一丝一毫地进步，抽丝一样，慢慢地找出缺点所在，慢慢改善，慢慢弥补。有什么好方法？用"笑脸"来记录微笑，记录微笑每一天。

标记奖酬，慢慢走向改变

这是孩子自己发现的一个好方法，她回自己的房间翻腾了一会，拿出"笑脸"贴贴纸来，在幼儿园及小学低年级，老师们通常就是用这种方式来促进学生良好习惯的养成，激励进步。这种方式就是标记奖酬法，是心理学上的一种行为治疗方法，也就是我们通常所说的"代币制"，是斯金纳操作性条件反射理论下的一种方法。斯金纳认为，人的一切行为几乎都是操作性强化的结果，人的任何习惯都可以通过及时强化习得。家长没有想到这个方法，但马上意识到这是一个好方法，并完善了这个方法：十张"笑脸"换一颗星，十颗星换一样小礼物。这是一个循序渐进的激励过程，关注到孩子的每一个细节和过程，关注在细微处，而且来自孩子的自愿，发自孩子的内心。

不过要注意，激励若是一味的奖励，会让孩子形成一个不良概念，会认为现在做不好没关系，以后反正能得到，奖励是迟早的事。这样不仅失去了孩子的重视，更会让孩子失去效率，失去追求的动力及进步的意愿。所以，必须要有"惩罚"机制，当然惩罚要限制在这个奖励范围之内，超出了就太重了，孩子就会不再遵循这个"规则"了，案例中家长跟孩子达成了协议，一个惩罚的协议：万一生气了，不仅得不到当天"笑脸"，还得扣掉一个已经得到的"笑脸"，这个方案取得了孩子的同意，开始了微笑的记录。激励，要先让孩子有得到奖励的经验，家长的先奖励措施值得称道，贴上了第一张"笑脸"，奖励她想出了这个好方法。让孩子知道，要得到奖励其实也简单，只要开动脑筋，做好小细节就是进步，就能得到奖励。在这期间家长的行为，如在本子的封面端端正正地写上"微笑记录本，郑重其事地贴上第一个"笑脸"，都在暗示孩子，这件事是真的，爸爸很重视，希望你也重视，不能食言，不能逃票。当然孩子在这个过程中，肯定会有反复的情况，不过没关系，这是正常的，关键是已经有了一个好的开始，那么好的过程自然会出现。"今天小朋友乱丢铅笔，我看见了捡到垃圾桶里，老师表扬了我"……于是，令人欣喜的结局也自然显现：一张笑脸……一颗星……很快就可以收获第一份礼物。微笑记录本，收获难得的改变。

　　孩子性格的塑造需要老师、孩子、家长一起努力，不要忘记孩子也是我们的老师，我们要跟孩子一起学习，一起成长，共同进步。

34. 感同身受

——应对学生经常迟到

老师都反感学生迟到，可是学生还总是会迟到，如果你的学生迟到了，你会怎么办？有三种应对方式：一是问清原因，提醒下次注意，这是大部分老师会做的；二是让学生背着书包站在门口，这是老师生气了；三是不问学生迟到的原因，来了就好，这是老师不想给自己找麻烦。就以上三种方法，暂且撇开是否会伤害学生，以及教育艺术层面的讨论，单从教育的成效分析，相信不管使用哪一种方法，其结果都只有一个，学生迟到的现象照样会出现。其实不必抓狂，探究学生迟到的原因，多数是因故而致，偶尔发生。

当然不排除学生因为习惯不好，而故意迟到的现象。对这类"贪玩水云乡，来迟到夕阳"的现象，很多老师会采取一些教育措施，如果还是不见效的话，就可能会有背着书包站门口的事情出现。当然这种根据老师自己的心态、情绪来处理学生迟到问题的办法，显然是不可取的。在这一过程中，老师非常容易说过激的话，做过激的事，甚至会因为学生的对抗把事情弄僵，自己下不了台，甚至导致意外的发生。如何艺术地处理这一类学生迟到的现象，既能做到让学生有所感悟，又能够及时纠正学生的行为呢？

小哲给人的第一印象是有点松松散散，上学第一天，衣服的纽扣对不上眼儿，双肩书包挂在了一个肩膀上，头发有点长，显得凌乱，睡眼惺忪，一副没睡醒就从床上被拉起，急急忙忙赶着上学的样子。

小哲渐渐开始出现了上课迟到的现象，一次、两次，我问其原因，每次他都说睡过头了，没人叫醒他，所以迟到了，但保证下一次不会迟到。既然是无心的，我便没有追究，而让他直接进教室了。

一次已经上课了，我发现他的位置还是空的，我有点生气，拨通了他妈妈的电话，报告小哲迟到这个事情。他妈妈的回答出乎我的意料，原来迟到是因为小哲睡懒觉，上学期小哲几乎每周都会有迟到现象，甚至连上学期期末检测，也因睡懒觉迟到了半个多小时，所以这学期才不得已转学。

既然是"重复昨日的故事"，就不能听之任之，而且常规的教育手段也会不起作用，相信他的妈妈和他以前的班主任也都使用无效。接下来小哲又迟到了一次，又做了一次保证，我没有"追究"，但是我让小哲自己记着迟到的次数。

门口响起了一声"报告"，小哲来了，这是小哲的第五次迟到。我忍无可忍了："小哲，这是第几次迟到？"

小哲支支吾吾："第……第……老师，我保证下次不会了。"还是保证，可保证如此随意，有效果吗？

我想了想，还是让他先进教室，并告诉他就迟到的事，中午饭后在操场等我处理。

中午12点，小哲准时到了操场，而我就在餐厅观察他的一举一动；12点30分，我直接到了学生宿舍，在他的床位上躺下；13点14分，他在操场上等了一个多小时之后，见还是没有等到我，悻悻地回到了宿舍。

见我躺在他的床上，小哲似乎生气了，"老师，你怎么这样？"

"哦，我怎样了？"我装作一脸不解。

"你不是让我在操场等你吗，你怎么不来？"小哲生气了。

为了不妨碍其他学生的休息，我又把他叫到了操场。

"我睡过头了。"见我这样回答，他更生气了："老师，你这是不尊重人的表现。"

终于来了，生气得好，我心里暗暗地想，嘴上却淡淡地说："是呀，我就睡过头一次，你就这么生气，你呢？睡过头五次了，保证了五次，

205

你想到过尊重别人吗?"他一时语塞。

从那以后,他再也没有迟到过。

案例中小哲迟到的现象,表现在他身上,却能找到不良家庭教育的痕迹,家长没办法,自己不在乎,只知道让别人去理解他,却不知道如何去尊重别人,想法有点像曹操:"宁可我负天下人,休叫天下人负我。"

轻轻地放过

轻轻放过,在于呵护童心的那份自尊。苏霍姆林斯基说:"自尊心是人的心灵里最敏感的角落。一旦挫伤一个人的自尊心,他会以十倍的疯狂、百倍的力量来和你抗衡。"我们看到的小哲,开学第一天,以一个插班生的身分第一次面见新老师,就衣服的纽扣对不上眼儿,睡眼惺忪,也许是假期的惯性,而更多的是展现了一个坏习惯,原生态的行为,不管是不是第一次见老师,我反正就这样。可我们透视其家庭,看到这样的现象,小哲晚上不肯睡,妈妈舍不得打扰他;早上睡懒觉,妈妈舍不得叫醒他;甚至任何要求,都不忍拒绝。

老师有监督学生的义务,更有教育学生的责任。特级教师于漪先生多次强调一个教育思想——心中要有学生,这才是一切教育行为的出发点和归宿点。学生出现迟到,老师问他迟到的原因,"每次他都说睡过头了,没人叫醒他",到底是没人叫醒,还是叫了不醒,我们暂且不予深究。学生表示自己睡过了,既然是无心之失,老师选择了轻轻地放过,这体现了老师的一种心态。在老师的眼里,学生毕竟只是学生,失误是难免的,错误总是存在的,谅解学生,给学生机会,给予他们成长的空间,应该是我们所需要的心态。但是放过,不是放任自流,而是以此为出发点,接下来是提醒他改正,提醒很重要,这是教育的一部分,只有在老师不断提醒下,学生才会不断地取得进步。

迟到成自然

但是提醒教育有时也是无效的，一次、两次迟到，在老师的提醒和小哲的保证之后，仍然发生迟到现象，说明学生已经养成了坏习惯，孔子说，"少成若天性，习惯成自然"，任何一个习惯皆非一日而就，包括迟到。老师们都应该深有感触，平时也有很多老师为此而发牢骚："都已经提醒了不知道多少次，学生还这样。"所以，老师非常生气，多次提醒，竟然还屡次迟到，自然就拨通他妈妈的电话，报告这件事。了解情况后，结果令人惊讶，没想到小哲竟然是一个有几乎每周都会出现迟到，甚至连期末检测也迟到的坏习惯的学生。为什么妈妈会如实回答，估计小哲妈妈也彻底没辙了，本来想通过环境的变换，促使小哲改变，没想到他一如既往，只好揭他的短，期待通过老师的力量来改变他。

既然是坏习惯，单凭提醒肯定是无效的。可为什么老师还继续执行，是没辙了只好听之任之，还是另有用意？小哲一次一次地迟到，老师一次次地轻轻放过，学生的口头保证如风而逝，迟到成了"重复昨日的故事"，难道还让小哲再转学一次？当然不是，因为老师看到了这种情况后，发现常规的教育手段起不了作用。于是他让小哲记着迟到的次数，然后再次轻轻放过他，为最后触动学生深刻感悟埋下了伏笔。从军事学的角度分析，老师采用的策略是"欲擒故纵"，"擒"是目的，"纵"是方法，先轻轻放过他，别把他逼急了。迟到就狠狠地批，罚在教室门外，站在黑板旁边，会让学生害怕，产生反抗情绪，容易引发反弹，甚至会有害怕上学，抗拒上学的现象发生。

感同而深受

就这样，重复到了第五次，老师终于忍无可忍，进行了责问，小哲当然看到了老师的生气，所以支支吾吾，可他已经没有辩解的理由，前四次迟到把这些理由都用光了，这次还没有想好，所以只能先保证一次。可见，一个没有坚定改正的信念，凭借不停的保证过关，保证自然是没有效力的，只是借口而已。可是，这次不一样，老师不再轻轻地放过，而是要处理这件事，难道是旧账新账一起算吗？学生做好了最坏打算，当然也暗存这么一丝侥幸，如果我再真诚地保证，老师还是会轻轻地放过我。那么我得给老师一个好印象，所以小哲准时到了操场，等待老师的到来。可是，老师没有来，从开始的些许内疚到不解，再到烦躁不安，到最后的愤怒，学生在等待的一个多小时中，情绪状态应该就是这样的一个发展进程。

　　学生经历了这么一个从慢慢积蓄到压抑，然后到爆发临界的情绪状态之后，对迟到深恶痛绝的体验也深刻了起来，可此时学生并不能很好地领会，只是简单地把情绪的发泄口指向老师，生气地问："老师，你怎么这样？"所以，需要有高人指点，一语惊醒他这个"梦中人"，令他彻底感悟。此时老师创设了一个情境，假装自己不解，一步一步点燃学生的情绪，从老师睡过头的失约提升到不尊重人，不知不觉地实现了师生的角色互换，让学生得到了角色的体验，一个面对迟到者心里有强烈不满的感受体验，十分到位，入木三分。此时点破恰到好处，"是呀，我就睡过头一次，你就这么生气，你呢？你睡过头五次了，保证了五次，你想到过尊重别人吗？"豁然顿悟，原来自己与老师一样，"同是天涯沦落人"，何必呢？"从那以后，他再也没有迟到过"的表现，既是无言以对，找不到迟到的借口，更是感同身受，理解了迟到是一种不尊重人的行为，发现原来自己的迟到，只不过是一个肆无忌惮的表现罢了。

　　也许，对待同样一件事，每一个人都会这样，总是宽容自己的行为，却苛刻地要求别人。只有亲身经历，设身处地感受，才会真正领悟，转变才会更加彻底。

35. 人人有责

——应对学生忘记值日

  学生忘记做值日，是一件让人烦恼的事，自己班因此被扣分，看着公布栏里自己班的常规竞赛得分比别班低，想到本周又拿不到优胜了，哪位学生看了心里舒坦？而这些成绩又基本上与班级管理绩效挂钩，哪位班主任脸上挂得住呢？既影响班集体形象，又影响绩效，班主任自然非常重视，设立专职卫生委员协同监督，每天把值日学生的名字进行公布提醒，同时出台一些相应的制度和措施，加以强化和落实。

  即使这样，还是有学生忘记值日，经常出现这个没来，那个又逃掉的现象。这时，很多班主任会认为，既然制度已经落实，措施已经到位，学生依然我行我素，那就是提醒教育太轻，必须让学生付出"代价"才行。老师们想到了惩罚，认为不罚不止，只有惩罚才具备问题行为的车闸作用。于是出现下列惩罚措施：忘记值日一次，追加三次、五次；写一份几百字的"书面检讨"；罚一定额度的"人民币"。大张旗鼓，大行其道，效果似乎很显著，学生忘记值日现象大幅减少了，偶尔发生也因为经历"大棒"的洗礼而唏嘘退却，似乎成果显著。可令人心忧的是，我们在做教育，不是执法，教育有很多种方式，惩罚不能代替教育的全部，没有必要的惩罚带给学生的也许只有创伤。可有一举两得的方法吗？

  "老师，今天小津忘记值日。""老师，小鹏又没值日，逃走了"……卫生委员小瑶经常这样无奈地报告。

  小瑶的无奈也正是我的无奈，班上的这几个"懒惰鬼"，对老师和同学的提醒总当耳边风。平时我在时，他们还会认真值日，若我不在，他们就会偷偷地溜走。还好现在有小瑶盯着，班里卫生才不至于被扣分，前几任卫生委员因为没有及时补漏，就经常因为扣分而拿不到优胜。

刚开始，小瑶会罚小津、小鹏他们，可他们照样忘记，于是就越罚越多，越罚越逃。这样下去总不是办法，小瑶犯愁了。我建议小瑶先照常排下去，让其他同学先值日，可发现大家再也不用心值日了，班里卫生越来越糟糕。不得已，我又重回老路，自己监督，唉，真是无奈之举。

一次，听到一个班主任在数落学生："忘记值日？你怎么吃饭不会忘记？"对呀，为什么吃饭不会忘记呢？我深深地陷入了思考，能让值日也像吃饭一样让学生牢牢记住吗？

我把这个问题抛给了学生，学生你一言我一语地讨论了半节课，可大多只是停留在加大提醒和惩罚力度。这时，小津举手了，起先我并没有在意，以为他准备为自己辩解，可他似乎很坚定，把手举得更高了。给他一次机会，看他想说什么。

"老师，可不可以每个人都打扫自己的。"小津的话，我没有听明白。

"你能具体说说吗？"我眼睛一亮，觉得他还是有思考的。

"我座位的这个位置，就由我来包干儿打扫。"小津说。

我彻底明白了，小津说的是每人分一块区域，清洁卫生由自己来承包，保持干净整洁，这样每个人每天都得值日，位置固定，而且跟自己密切相关，就自然能记住了。太好了，我心里暗暗叫好，看着这个平时总是忘记值日的学生，我一时百感交集。可是，我还想学生有更多的发现。

"小津的这个方法，你们听懂了吗，觉得怎样？"我极力地掩饰自己内心的激动。

果然，学生纷纷举手发表意见，经过激烈的辩论后，都说这是一个好方法，能方便大家记住。于是，大家开始了划分：首先，以教室地面上格子线为界，每人包干儿自己座位所在区域，要求做到桌面无物，抽屉整洁，人离开后，凳在桌下，地面干净；其次，把教室的公共区域也分块负责，比如走廊、护栏、黑板、书架、讲台、多媒体器材等，每位同学负责一块；其三，开展左右桌同学的相互监督和相互提醒活动，若有人请假，那么他的包干儿区域就由左右桌同学来负责。

最后，大家给这种方法取了个名称叫"人人有责"，并把最热烈的掌声献给小津，感谢他想到了这个好方法。

"人人有责"活动开展后，大家兴致很高，除了对自己左右桌同学进行监督之外，还会到其他同学的"地盘"那儿看看、找找、查查，学生们都不想被发现自己没有尽到责任，所以都不敢大意，连几个平时不怎么讲卫生的学生也把自己的"责任田"整理得干干净净。接下来，我们还开展了"最美位置"、"靓丽风景在哪"等评比活动，同学们的兴趣更高了，也更加积极了。

我们班不再安排值日，却欣喜地发现每时每刻都有值日生；卫生委员小瑶不再忙忙碌碌，却高兴地看到随时随地都有同学在督促、检查。

一周、两周……一个月，两个月，优胜班集体的荣誉，从此再也没有离开。

案例呈现的是一个从学生屡屡忘记值日，到学生能够自主、自发、自觉进行值日，参与监督的过程，一个从无心值日到人人有责，从无尽烦恼到异常欣喜，从无关自己到人人监督的过程。

无心值日

值日作为一种培养学生劳动技能、责任意识、协作能力、卫生习惯的活动，不仅能整洁环境卫生，促进健康生活，更能促进学生热爱劳动的情感。可事实上，值日却成为许多学生眼中的负担，经常发现学生有意无意地忘记值日，若说他们是故意的，却发现他们的确忘记，若说他们忘记了，却发现他们只是选择性地忘记。值日为什么如此不受学生欢迎？原因不外乎这么几个：一是劳动强度较大，学生害怕辛苦；二是学生缺乏值日技能，耗精力却还做不好；三是从小缺乏劳动锻炼，没有劳动观念；四是责任意识不强，认为值日与己无关。所以说，我们不能把学生的无心值日的原因归结于某一方面，应全面综合看待，因人因事而别。

老师最烦恼的是学生对待值日的那种无责任感的表现，劳动技能可以锻炼，劳动强度可以分担，劳动观念可以培养，可如果认为值日无关紧要，对自己是否参与持无关紧要的态度，那么，无论如何惩罚，都不能扭转他们的观念。案例中，几个"懒惰鬼"因为不认真值日被罚，可结果却是"越罚越多，越罚越逃"。这也让老师很无奈，此"事"无计可消除，罚不行，学生不接受，偷偷地溜走，让罚流于形式，找不到着力点；放更不行，同学们有样学样，只能让班里卫生越来越糟。没办法，老师不得已走老路，自己亲自进行监督。虽然班里的卫生有所好转，可是弊端更多，学生的自觉能力、协调能力、合作能力都得不到锻炼和提高，不利于学生的成长；再者，老师需要更多的精力投入，不利于老师的学习和工作。魏书生曾说："学生能干的事，我们不干。"的确，老师亲自监督不符合教育原则。

人人有责

邓小平曾说："制度问题不解决，思想作风问题也解决不了。"说明任何一个不正常的现象都可以追溯本源，找到根本性的原因。学生为什么不认真值日，监督不能让其到位，惩罚不能让其服从，是否存在制度上的问题？审视一下现今流行的值日制度：在一个固定大区域内，学生轮流，几天一次，每次几人，每人不同任务，且称之曰"值日轮流制"。这种值日制度的好处是人人参与，多种角色体验，培养劳动积极分子；不足之处是职责不明，容易忘记，容易产生依赖。就是这么一个比较致命的缺点，滋生了学生的依赖心理，出现逃避值日或"出工不出力"的现象。原因找到，下一步该如何呢？

一句批评语引起了深思："忘记值日？你怎么吃饭不会忘记？"的确，这是很多老师会脱口而出的话。为什么会忘记值日，而不会忘记吃饭呢？一日三餐，吃饭是一种长期养成的约定俗成的习惯，肚子饿了，吃饭是一种本能。而值日却不是，今天有，明天没有，不固定，不是学生自发性的需求，而是任务，甚至是负担。若能让值日成为自然而发的行为，使之成为习惯，一种约定俗成的本能，值日的相关问题不就可以解决了吗？

可喜的是，老师看到了这一点，并把这个问题抛给学生讨论，让学生自己去发现。一个因忘记值日而经常被罚的学生，提出了"包干儿"的想法，为什么他有如此创意？也许学生有困惑，经常忘记，经常被罚，于是就冒出了这么一个想法，可谓是痛定思痛，这也说明任何一项变革都是在极度困惑和极其无奈之下产生的。小津的建议，经过激烈辨论后，大家认为是个好方法。于是，大家开始了策划，划分出一个人人都需要负责的区域，制定出一个随时要值日的制度，建立一个人人都参与监督的氛围。这就是集全体学生智慧的"人人有责"制，最后大家的鼓掌既是给予小津的奖励，更是给自己的一个肯定。事实上人人有责就是人人负责，只是把负责的范围缩小，变成与自己息息相关的内容，使得完成任务成为自己的需要，成为自己争取荣誉的目标。从此，班里的值日工作打开一个全新的局面，迈上一个前所未有的高度，也就不再是空谈了。

人人监督

人人监督，监督人人，在于监督面前人人平等，由小及大，见微知著，纠正人们习以为常的小错误，促进个人良好习惯的养成，也促进了班集体氛围的建设。可关键在于要让监督有着力点，有监督的内容和项目，而且要赋予权力，更要方便监督，而不是空喊"人人监督，当家作主"的口号。试分析"人人有责"制度，在内容方面，"人人有责"把班级区域分成若干小份，每人有份，而且区域固定，就是自己的位置区域，跟自己密切相关，让监督人有了内容和目标；在监督权方面，开展的是左右桌之间的监督，人人都是监督者，而且有完善的保障措施，有人请假，左右桌同学来负责他的区域，相互提醒，相互监督，既是监督者也是合作者，息息相关，同甘共苦，促进了合作，增进了友谊，相当于在一把锁上又加了一把锁，可谓双保险。

有了监督权，大多学生都会拓宽自己的行使范围，于是我们发现学生还到其他同学那儿看看、找找、查查的现象。这让其他同学如何敢大意，谁都不想被发现自己没有尽到责任，就连几个平时不怎么讲卫生的学生"也把自己的'责任田'整理得干干净净"。这是一个可喜的变化，职责明确，责任到位，促使学生积极主动地去完成值日任务，也牵动着每一个学生向上的神经。试问，谁不想获得同学们的认可？谁又想在同学面前丢份儿呢？所以"每时每刻都有值日生"，"随时随地都有督促者"，促进了学生良好值日习惯的养成，像吃饭一样自然的值日也就出现，"优胜荣誉，再未离开"也就自然得见。还是邓小平说得好："制度好，可以使坏人无法任意横行，制度不好，可以使好人无偿充分做好事，甚至会走向反面。"国家管理如此，班级管理亦然。

人难免会不自觉，任何一个良好的氛围，都需要有一个促使人人有责，促动人人监督，促进人人向上的制度。

36. 看见进步
——应对学生不良习惯

　　艺术应对学生出现的各种各样的问题，是我们教育智慧和能力的体现，当然我们不能纠缠于学生的问题处理中，还必须做好另一项重点工作，那就是管理机制的建设和学生良好习惯的培养。培养学生良好的习惯，既可以避免我们经常陷入急急挠挠、被动支招的困境中，又能让学生成就自我，幸福一生。

　　叶圣陶先生曾说，"教育就是培养习惯"，把教育进行了具体化的诠释，也把习惯培养提到了一个新的高度。如何有效推进学生良好习惯的培养？过去我们重视"规范"，过多地强调对学生的限制，往往让学生陷入不知所措的境地，并带来更多的逆反，得不到学生真正的共鸣。而有效的激励，能使学生发自内心地参与习惯的训练，成为言行一致、表里如一的人。激励有激发和鼓励的意思，是教育过程中不可或缺的环节和手段，激励机制具有助长作用，是学生发展的动力保证，若能激励学生参与习惯的训练，那么学生良好习惯的养成就不再是一件很困难的事。

　　班里公布栏中的"一日常规登记表"，有12个学生被扣分，最多的被扣了6分。我细查了一下，发现有插队、随地吐痰、不认真做操、说脏话的等。

　　怎么会这样？为什么学生的分数越扣越多，被扣分的人也越来越多呢？

　　我通过学生做眼保健操来观察，发现一个现象，值日班长是这样管理的：谁谁谁，做得认真点；谁谁谁，不认真，警告一次。然后就看到登记表里许多学生被扣掉了分。

我觉得不对劲，怎么成这样了？

如果改一种方式，给表现好的学生加分，激励学生去争取，去获得，那会不会有另一番局面呢？

我把本周选出的值日班长和几个班干部叫到办公室开了个小会，很慎重地告诉他们，我们换一种管理方式，多表扬，少批评；多加分，少扣分。

我继续选择观察眼保健操管理，并没有发现值日班长管理方法有所改变，还是一味地批评。我清楚，这不能怪他们，习惯太可怕了。我忍不住提醒，并且做了示范，说"看某某同学多认真，加1分"，"某某同学姿势很标准，加1分"。然后让值日班长试试。意想不到的效果出现了，那天学生做眼操姿势特别标准。

很棒，在我意料之外。

这次激励所带来的效果给了我启示，何不以激励的方式引导学生自觉地参与习惯训练呢？我与学生一起制订了习惯训练的细则，提出形象化的训练口号——"好习惯，我能行"，并以"争星护星"的方式开展了起来。

我们提出"一个月养成一个好习惯"的目标，首先，把一个好习惯项目分成若干个小细则；其次，注重过程中的自我评价，利用自我检查表，一天一次检测，做到了就打√，并开展同学及师生之间的小组评、班级评、老师评等，做到了就奖励学生一颗"星星"；其三，一个月举行一次隆重的表彰仪式，把学生平时积累的"小星"晋升为班里授予的"大星"——一星级奖章。这种"看见自己进步"的情境，激励学生积极踊跃地参与到习惯训练中来，学生在获得一星级奖章后，继续争二星级，拿到五星级后，学生又发现老师那儿还有颜色不同的奖章，分别是红、橙、黄、绿、蓝、紫、粉七彩奖章，为了能争取更多，并齐整地收集，学生乐此不彼。

一个"脏话连篇"的学生训练了两个月，因为还是拿不到"礼仪星"而垂头丧气，为了帮助他顺利拿到"礼仪星"，我先"借"一颗星给他，奖励他这两个月的努力，并对他降低标准，只要求他不叫同学绰号，每一句话中带有"你好"和"谢谢"。看到希望的他，下定决心，咬牙坚持了一个月后，终于如愿，兴奋得竟然尖叫连连。

之后，我开始注重动态的评价指标，同样的规范，对起点不同的学生，有不同的对待标准，有时会让学生进行自行制订标准，在具体评比时，指导学生对照自己制订的标准去自我检查。在习惯训练过程中，学生听得最多的话就是"你又进步了"、"你肯定能行"，我总是以表扬为主，以"静待花开"的心态面对学生。

就这样，学生在热火朝天的"好习惯，我能行"争星护星的过程中慢慢地养成好习惯。一段时间后，学生的习惯明显好转，班里呈现出一片欣欣向荣的景象。

有效的习惯训练，来自学生内在的需求，外在的约束是很难让学生彻底改变的。应该通过激励和积极评价去激起相应的情感，诱发学生主动积极地投入习惯训练活动，让学生以一种积极的态度，不由自主地参与。所以，要让学生进步，就要创设一种让学生实实在在地"看见"自己进步的场景，从而让他们在愉悦的情感中驱动自我不断向前。

扣分加分，两个极端表现

扣分，是批评的一种具体手段。学生表现不好，提醒他，纠正他，并希望通过扣分达到提醒的目的，期待能触动学生的反思，从而改变自己的行为。可是，我们看到学生反而大多违背了老师的初衷，甚至与要求渐行渐远，让老师非常受伤。透视扣分，还发现一个现象不可忽视，许多值日班长，趁着自己当班之时，笔起笔落，把平时自己被人家扣去的分数，狠狠地扣回来。这不仅容易滋生学生打击报复的心态，更容易造成狭隘心理的形成，滥用职权，随心所欲，产生"官僚"的思想，极大地败坏班里的风气,也给学生的成长带来不可磨灭的影响。案例中,"一日常规打分表"学生的表现分被越扣越多,被扣分的人也越扣越多,就是最好的体现。

加分会带来什么?加分是对学生良好表现的一种肯定,一种激励,一个榜样示范。试问哪个学生不希望自己得到表扬呢?在真正实施加分以后,我们看到了什么?看到的是学生翻天覆地的表现,"那天学生做眼保健操的姿势特别标准",这就是加分的效力,给予学生肯定所带来的效果。正如法国教育家卢梭所言:"表扬学生微小的进步,要比嘲笑其显著的恶迹高明得多。"

激励,能拨动学生内心向上、向善的心弦,那么,能激励学生主动参与良好习惯的训练吗?当然能。

看见进步,养成良好习惯

创设"看见进步"情境,激励学生点滴积累好习惯,是把一个大目标分成许许多多的小目标,并使用形象具体的评价,以关注细节的表现,重视量的积累,期待质的飞跃的"代币制"成长方式,让学生"跳跳就能不断摘到苹果","看见"自己点点滴滴的进步。

心理学家研究表明,经过21天的强化可以养成一个好习惯,案例中的老师提出"一个月养成一个好习惯"的要求,这显然符合心理学的规律。这一个月到底能做什么?有习惯内容的学习;按照要求开展训练;有学生的自评,同学及师生间的互评;有总结表彰。训练什么?关注细节的训练,如"礼仪星"的"使用好体态语言",指导时从每一个细小的动作入手,让学生明白如何做才是正确的,并充分利用自我检查表,一天一次检测。指责和批评换不来学生正确的表现,只会让他们更加不知所措。正确指导和示范,才能引导学生正确的模仿和表现。

习惯训练,必须看到学生之间的差异,更要适应成长差异,在学生的发展变化中适时调整评价标准。学生在年龄小或能力不足时，要求必须低一些，比如先训练一些基本的要求，等他们长大了，再提较高的要求。案例中，老师为了帮助一个"脏话连篇"的学生顺利拿到"礼仪星"，对他降低了要求，并采用了先奖励再争取、再强化的教育方式。这种方式，既适应了差异的需求，也为学生随着年龄增长和能力增强，在今后同样争夺"礼仪星"时保持了"新鲜感"，要求不同，付出的努力也自然不一样，需要保持十足的动力。习惯训练非常注重对精神环境的创设，精神环境、心理环境也叫氛围，它对形成学生良好习惯的作用很大。以表扬为主，期待成长，以"静待花开"的心态面对学生，这样的"围能量"比起物质环境的影响微妙得多，学生进步也会更快。

多元评价，促进教育发展

激励机制下的习惯培养模式，将习惯训练的要求变为学生可知、可感、可接受的培养目标，让学生"看见进步"，进而有效转化学生的行为，这一教育过程的关键在于教育的科学性与创造性。

多一把尺子就多一批好学生，用不同的评价标准（尺子）去衡量不同的学生，就能量出每一个学生的长处。"看见进步"的习惯培养，关注着学生成长的每一个细节，每一个点滴的成功都带来令人鼓舞的评价，多元的评价方式，让学生的成长更有动力，更有向心力。

抓住学生的长处，放大学生的亮点，令其幸福，使其光荣，让长处启动学生的动力系统。"看见进步"的习惯训练，还在于及时表彰，表彰活动给学生带来了处处体验成功的经验，帮助学生不断地寻找自己"好"的一面，唤醒自己可以"更好"的一面，促进学生自发地向"上"向"善"。

激发人的"内部驱动力"，巧妙唤醒它，并持续强化它，会获得更大的动力。"看见进步"的习惯训练活动中，利用"星级制"的方式，从"一星"到"二星"到更高级的星,成功能激励成功,使学生由一个成功迈向另一个成功。

百年树人,一步一个台阶,一步一个脚印,学生的成长需要许多小的进步积累而成,只有在每一个阶段都能及时给予积极评价,不断地让学生"看见进步",才能激励学生走向完美。

后记：恒美的怀念

窗外，绚丽的烟花划破夜空，缤纷绽放，无限美丽。隆隆的声音，响彻苍穹，唤醒了夜的沉寂。庆祝吗？是啊，农历小年了。这一年，走过春的播种，夏的耕耘，秋的收获，走进冬的思绪。回味起一年的美好时光，思绪万千。

怀念着，一股暖流涌上心头……

怀念那群与我共处了五年的孩子。

他们中许多人的名字出现在这本书中，或真名，或昵称。当时，这群孩子真的很闹，闹到许多老师无法上课。于是，我不得不停下自己的课，跟他们聊聊。从刚开始的为什么要友善友爱，遵守规则，应该如何知书达理，果断坚毅，到后来的天文地理、历史典故、名人轶事、生命心理、生存未来，他们听得津津有味，如痴如醉。为满足他们日益增强的好奇心，我不得不进行日夜兼程的学习；他们成长着，我也在记录他们的改变中成长着。感谢他们，这五年簇拥着我走来，让这春的播种，有了希望的种子。

怀念那班亦师亦友的导师同学。

两年的温州市首期名班主任培训班，激发了我内心的无限渴望，从此开启了我细细耕作的历程。那一群亦师亦友的导师同学，给了我很多的启迪和帮助，王振中院长的高瞻远瞩，蔡伟教授的激情幽默，徐锦生校长的睿智亲切，曾蓉蓉老师的热情洋溢，还有那群亲如兄弟姐妹的名班主任同学，我感谢他们，在那个春意阑珊的季节，让我撑起了长篙，向青草更青处漫溯。

怀念家里的那张沙发。

我的颈椎受不了长时间的端坐,把整个身子置于沙发中,让电脑平躺在膝盖,十指飞速地敲击,累了仰头休息,非常舒服。这个炎炎夏日,沙发见证了我的狂热,成了我思如泉涌的依托,清晨六点,记录思绪的开始,晚上十二点,承载仰卧起坐的重量。沙发的跟前,不时地响起妻子轻轻的劝慰声,"该休息了","活动一下吧",若没有得到响应,随之而来的就是女儿欢快的歌声、跑跳声,及"猜猜我是谁"的作弄。此时,停下来,享受"整点休战"的片刻欢愉,让眼前的天使面容清澈一下模糊的视线,站起,让双脚分享身体的重量,让沙发散发潮湿的热气。这个耕耘的季节,感谢母女俩"温柔+野蛮"式的强制休息法,不至于使我的身体活动远远地落后于手指运动,让我的寂寞也欢腾。

怀念那句让我激动一个月的评论。

写,需要动力;文字,需要得到认同。整理这本著作初始,拟好目录,计划写36篇。由于不知道自己的文稿,是否符合广大班主任的阅读习惯,能否激起共鸣,就把刚开始写的几篇发到了《班主任之友论坛》、《K12论坛》,没想到竟然获得了意想不到的好评,有网友评论,"文章行云流水,读罢如饮甘霖",有个网友甚至评论,"这是一部完全可以媲美甚至超越《班主任兵法》的著作"。这些评论让我激动万分,兴奋异常,在接下来的一个月的组稿进程中,我热血澎湃,动力十足。后来,我把这些文稿发给《新班主任》、《温州教育》等杂志,获得了连续的刊登。感谢他们,让我延续了这个夏的狂热。

怀念那个初秋的等候。

网友的评论拉高了我的自信,我想到了《班主任兵法》的策划吴法源先生,温州市教育局陈长河老师牵线,让我成功地把稿件投给了他。后来,他把我的稿件推荐给了福建教育出版社,我见到了曙光,等待可期。直到那个初秋的下午,出版社江华编辑的声音天使般响起,等待有了结果。与其同时,我的婶婶叶金钗老师,一位温州市优秀班主任,做了我这本书的第一个读者。这位伟大的语文老师,如同批改一篇篇学生的作文，认真细致地修正了每一行文字，委婉诚恳地注释了每一个篇章，毫无保留地赞赏了每一篇文稿的精致。感谢他们，这个初秋，让我预见了收获。

怀念那份绵绵不绝的真挚情意。

在我的心中，有一座仰止的高山——张万祥老师，这位德高望重的大家并不知道，他也将会与这本书结缘。在与江华编辑的多次通信中，我们不约而同地想到这位受人尊敬的名家，可我很忐忑，他如此繁忙，是否会同意写序。或许是我们有缘分，著作中一篇文稿发表的那期杂志，卷首语是张万祥老师写的，我大喜过望，随即向他表达了我的想法。令人激动的是，尊敬的张老师很爱惜年轻班主任朋友，更乐见年轻班主任的不懈奋斗，虽然身体虚弱，但还是坚持写来了真挚的序言，这一互动的过程中，也让我们结下了深厚的友谊。感谢他，南方这个寒冷的冬天，我因心中的太阳高照而感到温暖无比。

怀念，即将过去的一切，这不平凡的一年。如同这窗外绚丽的烟花，呼啸而起，虽是人生历程刹那间的绚烂，却成了永驻心间的恒美。

期待未来，更加多姿。

林志超
2012 农历小年夜
（2013 年 2 月 3 日）